2024年度版

医療秘書技能検定 実問題集

2級 ①

第67回〜71回

「医療秘書実務」
「医療機関の組織・運営、医療関連法規」
「医学的基礎知識、医療関連知識」

本書で学ばれる皆さんへ

　現代における医療は、複雑・高度化による機能分化が進み、チーム医療の的確かつ円滑な推進が以前にも増してより強く望まれるようになってきました。
　こうした状況の中でクローズアップされてきているのが、近代医療を積極的にサポートするコ・メディカル・スタッフとしての医療秘書の存在です。

　医療秘書は、医療機関の中で、診療・看護・医療技術・介護の行使に関する業務を、知識と技能で遂行する職業で、医療チームにおいて専門的な援助と各部門間の連絡調整に当たる役割を持ちます。今後、近代医療の一層の高度化にともなって、さらにその存在は重要視されるでしょう。

　しかしながら、そのニーズの増大とともに学校数、学生数は年を追って増加しているものの、教育内容が十分整理されていないのが現状であり、教育者また医療機関から医療秘書教育の基準となる資格認定の制度化が強く求められてきました。「医療秘書技能検定試験」は、このような社会要請に応えるべく、医療秘書教育の充実と医療秘書の社会的地位向上を目的に発足した医療秘書教育全国協議会が実施する検定試験です。
　この検定は、医療秘書としての専門知識と技能を判定するものであり、それが医療秘書をめざす学生にとって学習の励みとなり、また採用する側でも習得レベルの判断材料になるものと信じます。
　本書により意欲的に学習し、いち早く合格され、スペシャリストとして社会医療の第一線で活躍されるよう願っております。

一般社団法人
医療秘書教育全国協議会 前会長

日野原重明

2024年度版
医療秘書技能検定　実問題集2級①

目次

問題編

本試験問題

解答・解説編

本試験問題　解答・解説

■本書の使い方

①本書は、問題編と解答・解説編から構成されています。
　※解答・解説編は、本編から抜き取れるようになっています。必要に応じて抜き取ってご利用ください。
②本試験問題の答案は、本試験と同様に、各回問題巻末の解答用紙に記入してください。
③検定実施団体の医療秘書教育全国協議会では、本試験の配点を公表していません。本書の問題についても採点は利用者ご自身にお任せしています。
④医療関係の法規は常に改正される可能性のあるものです。本書ご利用の際に既に改正されていることがあり得ることを、あらかじめご了承ください。

本試験問題

<お断り>

　この問題集に掲げた本試験の医療関連法規の問題の内容の一部を改正後（2024年4月1日現在）のものに合うように改めております。解答についても同様に改めてあります。

答案は解答用紙に記入してください。

第 67 回（2021 年 11 月 7 日実施）

医療秘書技能検定試験 2級

問題① 「医療秘書実務」～「医療関連知識」

試験時間　55 分

【医療秘書実務】

1. 次は、「医療秘書のコミュニケーション能力」について述べたものである。文中の（　　　）の中に入る最も適切な語句を語群から選び、その番号のマーク欄を塗りつぶしなさい。

　　医療秘書にとって、コミュニケーション能力は非常に重要である。医療現場では一見小さく見えるミスやクレームも、放置すると大きな（　1　）に繋がる可能性がある。例えば、患者や患者の家族からのクレームを自分で対処できた場合などでも、（　2　）できたからといって、自分だけで留めず、必ず上司に（　3　）する必要がある。部署全体で（　4　）を検討し、今後の患者対応に活かすこともできるため、マイナスに捉えずミスを隠さずに職務に臨みたい。

　　また、業務の締め切り等がある長期間の業務では、締め切りに間に合わない事態を防ぐため、（　5　）報告を意識的に行い、他者とのコミュニケーションをとりながら進めていくことも必要である。

〔語　群〕
① ヒューマンエラー　　② 医療事故　　③ 電話　　④ 伝言　　⑤ 報告
⑥ 解決　　⑦ 改善策　　⑧ 新規提案　　⑨ 定時　　⑩ 中間

2. 次は、「院外文書等」について述べたものである。正しいものは①の、誤っているものは②のマーク欄を塗りつぶしなさい（①または②のみにマークする機械的な解答は、該当する全ての設問を0点とする）。

　6　相手に文書を速く届けたかったため、郵便物表面の右上部に赤字で「至急」と書きポストに投函した。

　7　院長宛の封筒に「親展」と書かれていたら、院長本人が開封してくださいという意味である。

　8　「秘」扱いの文書を院外へ送る際は、封筒表面に「極秘」と記入し、第三者に開封されることのないように十分気を付ける。

　9　病院で作成したアンケートを郵便で回収したい場合は、郵便局の承認を受けて、「料金受取人払い」を利用する。

　10　院長宛のパーティーや学会など、往復はがきで出欠の意思表示をする場合、院長に出欠の確認をとったうえであれば、秘書が院長の代筆をして返信しても良い。

【医療機関の組織・運営、医療関連法規】

1. 日本の医学・医療の発展に貢献した人物〔A群〕とその業績〔B群〕を組み合わせ、該当する番号
　のマーク欄を塗りつぶしなさい。

〔A　群〕

11	パスツール	16	華岡青洲
12	山脇東洋	17	ポンペ
13	丹波康頼	18	貝原益軒
14	アルメイダ	19	シーボルト
15	野口英世	20	小川笙船

〔B　群〕

① ロックフェラー医学研究所で梅毒スピロヘータの純粋培養を行い、学士院恩賜賞受賞。その後、黄熱病の病原菌発見のために生涯を捧げた。

② キリスト教の宣教師であり外科医でもある。現、大分市に府内（慈恵）病院を創設。西洋医学が初めて導入された。

③ 江戸時代の学者。看護の方同を示した「養生訓」を著した。

④ 江戸時代中期の医学者。わが国初の人体解剖の所見をまとめて「臓志」を著し、当時の医学界に大きな衝撃と影響を与えた。

⑤ オランダの軍医。江戸幕府が招いた医学教官。日本で初めの西洋医学の講義を行った。幕府へ病院の必要性を訴え、日本の近代的病院の原型でもある「長崎養生所」が設立された。

⑥ 徳川吉宗時代の町医者。幕府へ施薬院の設立を申し立て、官立初の「小石川養生所」が設立された。

⑦ 日本最古の医書である「医心方」を著した。

⑧ 長崎出島のオランダ商館医師として来日。鳴滝塾で西洋医学を教え、日本に西洋医学を広めた。

⑨ フランスの細菌学者。微生物やウイルスの存在を予見し、炭疽菌や狂犬病の予防接種を創始した。

⑩ 江戸時代の外科医。全身麻酔薬を考案し、1805 年に乳がんの手術を行った。世界における全身麻酔による手術の先駆者である。

2．次の設問を読み、正しいものは①の、誤っているものは②のマーク欄を塗りつぶしなさい（①または②のみにマークする機械的な解答は、該当する全ての設問を0点とする）。

21 公的医療機関とは、都道府県、市町村及び厚生労働大臣の定める者が開設する病院のみをいう。

22 診察・治療の申し出を受けた医師は、正当な理由があれば申し出を拒むことができる。

23 診察・治療の申し出を受けた医師は、前回診療時の一部負担金未払いの者の診療は拒否することができる。

24 介護老人保健施設とは、高齢者の診療を専門に行う病院の一種である。

25 医療に求められることは「患者第一」であり、これが医療サービスの基本である。

26 医療機関の経営も、企業と同様に経営方針を立て、計画的な経営を行わなければならない。

27 保険医療機関は厚生労働大臣の指定を受ける。

28 船員保険は船員保険組合が運営している。

29 臨床研修等修了医師等が無床診療所を開設する場合は、都道府県知事の許可を必要とする。

30 国民に対して医療に関する適切な情報提供を行うために、医療機関の広告は自由に行ってよいことになっている。

3．次は、退職後の公的医療保険について述べたものである。文中の（　　　）に入る最も適切な語句を語群から選び、その番号のマーク欄を塗りつぶしなさい。

　　健康保険組合の適用事業所に40年間勤めていたAさんは、65歳になって定年退職。3月31日まで勤務した。Aさんは協会けんぽの適用事業所に勤務している娘のBさん（33歳）と同居している。

　　Aさんの被保険者資格は（ 31 ）に喪失する。Aさんが再就職等をせずに働かない場合、原則として以下の3つのいずれかの方法で公的医療保険に加入する。

　　第一の方法は、Bさんが加入する（ 32 ）になることである。この場合、Aさんの保険料は不要である。ただし、この条件を満たすには身分要件と収入要件を満たすことが必要である。前者については親子であるため、問題はない。しかし、後者については一定の収入（180万円）以下であることが必要である。この収入には、雇用保険の失業等給付、公的年金、（ 33 ）や出産手当金が含まれる。

　　第二の方法は、（ 34 ）になることである。この場合、退職後（ 35 ）以内に在職時の健康保険組合にて手続きをする必要がある。一部負担金の割合は在職時と同様だが、保険料については在職時に（ 36 ）が負担していたものもAさんが負担しなければならない。また、加入期間は最大（ 37 ）間である。

　　最後の方法は、（ 38 ）として加入する方法である。第一、第二の方法で手続きをしない場合、基本的にはこの方法になるが、自動的に手続きされるわけではなく、（ 39 ）までに在住の市区町村役場において加入手続きを行う。

　　なお、上記3つの他にAさんが加入していた健康保険組合に（ 40 ）の制度があればそれに加入する方法もある。

10

〔語　群〕

① 4月1日　　② 4月14日　　③ 20日　　④ 2年　　⑤ 傷病手当金

⑥ 国民健康保険の被保険者　　⑦ 事業主　　⑧ 特例退職被保険者

⑨ 任意継続被保険者　　⑩ 協会けんぽの被扶養者

4．次は医療機関の組織運営に関する設問である。最も適切なものを語群から選び、その番号のマーク欄を塗りつぶしなさい。

41　医療提供理念として規定されているものをすべて指摘しているものはどれか。

　　a．医療従事者と医療を受ける者との信頼関係の構築　　b．包括医療の実施

　　c．生命の尊重と個人の尊厳の保持

　　{ ① a のみ　　② a，b　　③ b，c　　④ a，b，c　　⑤ c のみ }

42　医療法で規定されていない病床はどれか。

　　{ ① 回復期リハビリテーション病床　　② 感染症病床　　③ 結核病床　　④ 精神病床

　　⑤ 療養病床 }

43　プライマリケアを主に担当する医療機関はどれか。

　　{ ① 診療所　　② 地域医療支援病院　　③ 特定機能病院　　④ 臨床研究中核病院

　　⑤ 救命救急センター }

44　一般病床の床面積で施設基準に定めている床面積はどれか（経過措置基準は除く）。

　　{ ① 5.4 ㎡　　② 6.3 ㎡　　③ 5.7 ㎡　　④ 6.4 ㎡　　⑤ 7 ㎡ }

45　事務部門として「経理課」「総務課」「医事課」をもつ病院で「総務課」が行う業務はどれか。

　　{ ① 決算処理　　② 現金出納業務　　③ 人事・労務管理　　④ 入退院手続き　　⑤ 保険請求業務 }

46　医師事務作業補助者として行えないものはどれか。

　　{ ① 電子カルテ入力補助　　② 診断書等の文書作成補助　　③ 診断に関するデータ整理

　　④ 検査オーダー業務　　⑤ 医療機関の経営資料作成 }

47　医療相談全般を行う職種として最も適切なものはどれか。

　　{ ① 医療情報技師　　② 介護福祉士　　③ 社会福祉士　　④ 診療情報管理士　　⑤ 保健師 }

48　一般的にロアマネジメント層に分類されるものはどれか。

　　{ ① 医員　　② 医事課主任　　③ 看護部長　　④ 事務長　　⑤ 病院長 }

49　権限の委譲の効果として考えられるものをすべて指摘しているものはどれか。

　　a．現場の判断によるスピーディーな解決　　b．上司が戦略・マネジメントに専念できる

　　c．部下の成長に寄与

　　{ ① a，b　　② a，c　　③ b のみ　　④ b，c　　⑤ a，b，c }

50　特定機能病院の承認要件でない事項はどれか。

　　{ ① 無菌病室　　② 救急医療の提供　　③ 集中治療室　　④ 医薬品情報管理室

　　⑤ 通常の病院の2倍程度の医師の配置 }

11

【医学的基礎知識・医療関連知識】

1．次の文章の（　　　）の中に入る最も適切な語句を下記の語群から選び、その記号のマーク欄を塗りつぶしなさい。

　　　右上腹部にある（　1　）は、（　2　）を介して運ばれた3大栄養素を用いて、代表的な血中タンパク質の（　3　）、糖質の一種である（　4　）、脂質などを合成している。また食物中の脂肪の消化や、（　5　）からの吸収を助ける（　6　）も合成している。

　　　肝炎を引き起こす（　7　）が肝臓に感染すると、感冒様症状に加え（　8　）などの症状が起こり、肝機能検査値が異常値となる。B型肝炎（　7　）によるB型肝炎は、慢性化率は低いが時に（　9　）を引き起こし致命的となる。一方、C型肝炎（　7　）によるC型肝炎は、慢性化することにより高率に（　10　）を引き起こすことが知られている。

　　〔語　群〕

　　　　① グリコーゲン　　② 肝臓　　③ アルブミン　　④ 小腸　　⑤ 胆汁

　　　　⑥ 門脈　　⑦ ウイルス　　⑧ 黄疸　　⑨ 肝癌　　⑩ 激症肝炎

2．次の文章を読み、正しいものには①の、誤っているものには②のマーク欄を塗りつぶしなさい。

　11　2型糖尿病は、インスリン投与が治療の基本である。

　12　A型肝炎は経口感染する。

　13　高血圧症は未治療であっても、心血管系疾患のリスクは低い。

　14　心不全は、尿量が減少し浮腫を生じやすい。

　15　肝硬変の原因には、ウイルス感染が有る。

　16　子宮筋腫は、悪性腫瘍である。

　17　腰椎椎間板ヘルニアでは、腰痛や下肢のしびれが起こる。

　18　ネフローゼ症候群では、高度なタンパク尿がみられる。

　19　褐色細胞腫は、副腎皮質の疾患である。

　20　花粉症による鼻炎はアレルギーとは関係がない。

12

3．次の英語又はひらがなを、漢字に直しなさい。

21　あくえきしつ：がんの末期にみられる状態

22　ちんがいやく：呼吸器症状を止めるくすり

23　こうてんせいめんえき：特定の異物を認識して攻撃する

24　がいはんぼし：ハイヒールや先の尖った靴で悪化する

25　しゅよう：組織が過剰に増殖して塊となったもの

26　coronary angiography：循環器疾患の検査の一つ

27　gout：尿酸が増加して起こる疾患

28　jaundice：血液中のビリルビンが増加することで出現する症状

29　myocardial infarction：虚血性心疾患の一つ

30　osteoporosis：圧迫骨折の原因となる

4．次のA群の略語に関連する語句をB群から選び、その番号のマーク欄を塗りつぶしなさい。

A群	B群
31　PI	①　筋萎縮性側索硬化症
32　CPR	②　関節可動域
33　ALS	③　新生児呼吸窮迫症候群
34　IRDS	④　経皮的冠動脈形成術
35　ESWL	⑤　全血球計算
36　SAS	⑥　現病歴
37　ROM	⑦　内視鏡的逆行性膵胆管造影
38　PTCA	⑧　睡眠時無呼吸症候群
39　ERCP	⑨　心肺蘇生術
40　CBC	⑩　体外衝撃波砕石術

5．次の文章を読み、正しい組み合わせを選び、その番号のマーク欄を塗りつぶしなさい。

41 便ヘモグロビン検査で陽性になる可能性のあるものはどれか。

　　a．膵炎　　b．大腸癌　　c．胃潰瘍　　d．糖尿病

　　① a，b　　② a，c　　③ b，c　　④ b，d　　⑤ aのみ

42 肝硬変の症状はどれか。

　　a．門脈圧亢進　　b．痔核形成　　c．食道静脈瘤　　d．意識障害

　　① a，b，c　　② a，c，d　　③ b，c　　④ b，d　　⑤ a〜dの全て

43 尿タンパク陽性となる疾患はどれか。

　　a．糸球体腎炎　　b．ネフローゼ症候群　　c．糖尿病性腎症　　d．肝炎

　　① a，b，c　　② a，c，d　　③ b，c，d　　④ a，b，d　　⑤ bのみ

44 肝臓の機能検査はどれか。

　　a．AST　　b．AMY（アミラーゼ）　　c．ALT　　d．ビリルビン

　　① a，b，c　　② a，c，d　　③ b，c，d　　④ a，b，d　　⑤ a〜dの全て

45 心電図に異常の出る疾患はどれか。

　　a．心筋梗塞　　b．狭心症発作時　　c．不整脈　　d．房室ブロック

　　① a，b　　② a，c　　③ b，c　　④ b，d　　⑤ a〜dの全て

46 血圧を上昇させる要因・疾患はどれか。

　　a．動脈硬化症　　b．腎不全　　c．原発性アルドステロン症　　d．橋本病

　　① a，b，c　　② a，c，d　　③ b，c，d　　④ a，b，d　　⑤ a〜dの全て

47 胆石症の症状はどれか。

　　a．激しい上腹部痛　　b．頭痛　　c．嘔吐　　d．黄疸

　　① a，b，c　　② a，c，d　　③ b，c　　④ b，d　　⑤ a〜dの全て

48 炎症の徴候はどれか。

　　a．出血　　b．腫脹　　c．熱感　　d．疼痛

　　① a，b，c　　② a，b，d　　③ a，c，d　　④ b，c，d　　⑤ a〜dの全て

49 脳を覆っている膜はどれか。

　　a．クモ膜　　b．角膜　　c．脈絡膜　　d．軟膜

　　① a，b　　② a，c　　③ a，d　　④ b，c　　⑤ b，d

50 随意筋はどれか。

　　a．心筋　　b．横紋筋　　c．骨格筋　　d．平滑筋

　　① a，b　　② a，c　　③ a，d　　④ b，c　　⑤ c，d

第67回
医療秘書技能検定試験問題①答案用紙

学　校　名 （出身校）		在学（　）年生 既卒

フリガナ		
受験者氏名	（姓）	（名）

受　験　番　号
（最後に番号とマークをもう一度確認すること）

番号を記入しマークしてください。

① ① ① ① ① ① ①
② ② ② ② ② ② ②
③ ③ ③ ③ ③ ③ ③
④ ④ ④ ④ ④ ④ ④
⑤ ⑤ ⑤ ⑤ ⑤ ⑤ ⑤
⑥ ⑥ ⑥ ⑥ ⑥ ⑥ ⑥
⑦ ⑦ ⑦ ⑦ ⑦ ⑦ ⑦
⑧ ⑧ ⑧ ⑧ ⑧ ⑧ ⑧
⑨ ⑨ ⑨ ⑨ ⑨ ⑨ ⑨
⓪ ⓪ ⓪ ⓪ ⓪ ⓪ ⓪

級　区　分	
1級	①
準1級	準1
2級	●②
3級	③

答案種類	
問題①	●
問題②	②

職　　業	
医療機関勤務	①
学　　　　生	②
会　社　員	③
主　　　婦	④
そ　の　他	⑤

[医療秘書実務]

設問1	解　　答　　欄
1	① ② ③ ④ ⑤ ⑥ ⑦ ⑧ ⑨ ⑩
2	① ② ③ ④ ⑤ ⑥ ⑦ ⑧ ⑨ ⑩
3	① ② ③ ④ ⑤ ⑥ ⑦ ⑧ ⑨ ⑩
4	① ② ③ ④ ⑤ ⑥ ⑦ ⑧ ⑨ ⑩
5	① ② ③ ④ ⑤ ⑥ ⑦ ⑧ ⑨ ⑩

設問2	解　　答　　欄
6	① ②
7	① ②
8	① ②
9	① ②
10	① ②

[医療機関の組織・運営、医療関連法規]

設問1	解　　答　　欄
11	① ② ③ ④ ⑤ ⑥ ⑦ ⑧ ⑨ ⑩
12	① ② ③ ④ ⑤ ⑥ ⑦ ⑧ ⑨ ⑩
13	① ② ③ ④ ⑤ ⑥ ⑦ ⑧ ⑨ ⑩
14	① ② ③ ④ ⑤ ⑥ ⑦ ⑧ ⑨ ⑩
15	① ② ③ ④ ⑤ ⑥ ⑦ ⑧ ⑨ ⑩
16	① ② ③ ④ ⑤ ⑥ ⑦ ⑧ ⑨ ⑩
17	① ② ③ ④ ⑤ ⑥ ⑦ ⑧ ⑨ ⑩
18	① ② ③ ④ ⑤ ⑥ ⑦ ⑧ ⑨ ⑩
19	① ② ③ ④ ⑤ ⑥ ⑦ ⑧ ⑨ ⑩
20	① ② ③ ④ ⑤ ⑥ ⑦ ⑧ ⑨ ⑩

設問2	解　　答　　欄
21	① ②
22	① ②
23	① ②
24	① ②
25	① ②
26	① ②
27	① ②
28	① ②
29	① ②
30	① ②

設問3	解 答 欄
31	① ② ③ ④ ⑤ ⑥ ⑦ ⑧ ⑨ ⑩
32	① ② ③ ④ ⑤ ⑥ ⑦ ⑧ ⑨ ⑩
33	① ② ③ ④ ⑤ ⑥ ⑦ ⑧ ⑨ ⑩
34	① ② ③ ④ ⑤ ⑥ ⑦ ⑧ ⑨ ⑩
35	① ② ③ ④ ⑤ ⑥ ⑦ ⑧ ⑨ ⑩
36	① ② ③ ④ ⑤ ⑥ ⑦ ⑧ ⑨ ⑩
37	① ② ③ ④ ⑤ ⑥ ⑦ ⑧ ⑨ ⑩
38	① ② ③ ④ ⑤ ⑥ ⑦ ⑧ ⑨ ⑩
39	① ② ③ ④ ⑤ ⑥ ⑦ ⑧ ⑨ ⑩
40	① ② ③ ④ ⑤ ⑥ ⑦ ⑧ ⑨ ⑩

設問4	解 答 欄
41	① ② ③ ④ ⑤
42	① ② ③ ④ ⑤
43	① ② ③ ④ ⑤
44	① ② ③ ④ ⑤
45	① ② ③ ④ ⑤
46	① ② ③ ④ ⑤
47	① ② ③ ④ ⑤
48	① ② ③ ④ ⑤
49	① ② ③ ④ ⑤
50	① ② ③ ④ ⑤

[医学的基礎知識、医療関連知識]

設問1	解 答 欄
1	① ② ③ ④ ⑤ ⑥ ⑦ ⑧ ⑨ ⑩
2	① ② ③ ④ ⑤ ⑥ ⑦ ⑧ ⑨ ⑩
3	① ② ③ ④ ⑤ ⑥ ⑦ ⑧ ⑨ ⑩
4	① ② ③ ④ ⑤ ⑥ ⑦ ⑧ ⑨ ⑩
5	① ② ③ ④ ⑤ ⑥ ⑦ ⑧ ⑨ ⑩
6	① ② ③ ④ ⑤ ⑥ ⑦ ⑧ ⑨ ⑩
7	① ② ③ ④ ⑤ ⑥ ⑦ ⑧ ⑨ ⑩
8	① ② ③ ④ ⑤ ⑥ ⑦ ⑧ ⑨ ⑩
9	① ② ③ ④ ⑤ ⑥ ⑦ ⑧ ⑨ ⑩
10	① ② ③ ④ ⑤ ⑥ ⑦ ⑧ ⑨ ⑩

設問2	解 答 欄
11	① ②
12	① ②
13	① ②
14	① ②
15	① ②
16	① ②
17	① ②
18	① ②
19	① ②
20	① ②

設問3. 記述問題

21	22	23	24	25
26	27	28	29	30

設問4	解 答 欄
31	① ② ③ ④ ⑤ ⑥ ⑦ ⑧ ⑨ ⑩
32	① ② ③ ④ ⑤ ⑥ ⑦ ⑧ ⑨ ⑩
33	① ② ③ ④ ⑤ ⑥ ⑦ ⑧ ⑨ ⑩
34	① ② ③ ④ ⑤ ⑥ ⑦ ⑧ ⑨ ⑩
35	① ② ③ ④ ⑤ ⑥ ⑦ ⑧ ⑨ ⑩
36	① ② ③ ④ ⑤ ⑥ ⑦ ⑧ ⑨ ⑩
37	① ② ③ ④ ⑤ ⑥ ⑦ ⑧ ⑨ ⑩
38	① ② ③ ④ ⑤ ⑥ ⑦ ⑧ ⑨ ⑩
39	① ② ③ ④ ⑤ ⑥ ⑦ ⑧ ⑨ ⑩
40	① ② ③ ④ ⑤ ⑥ ⑦ ⑧ ⑨ ⑩

設問5	解 答 欄
41	① ② ③ ④ ⑤
42	① ② ③ ④ ⑤
43	① ② ③ ④ ⑤
44	① ② ③ ④ ⑤
45	① ② ③ ④ ⑤
46	① ② ③ ④ ⑤
47	① ② ③ ④ ⑤
48	① ② ③ ④ ⑤
49	① ② ③ ④ ⑤
50	① ② ③ ④ ⑤

第 68 回（ 2022 年 6 月 5 日実施 ）

医療秘書技能検定試験
2級

問題① 「医療秘書実務」〜「医療関連知識」

試験時間　55 分

【医療秘書実務】

1．次は、「電話・オンライン応対」について述べたものである。文中の（　　　　）の中に入る最も適切な語句を語群から選び、その番号のマーク欄を塗りつぶしなさい。

　　　電話の応対は顔が見えないため、声により（　1　）と安心感を与えることが重要である。そのため、こちらから電話を掛ける場合は、まず（　2　）と名前を名乗る。続いて、いきなり用件に入らず、（　3　）と相手の都合を確認したうえで話に入る。雑音や笑い声などは用件が伝わりにくくなるだけでなく、相手に（　4　）を与えてしまう恐れがあるため、電話をかけるときは周囲の環境にも注意する必要がある。また、新型コロナウィルス感染症拡大の影響で近年大きく注目されているオンライン診療に関しては、カメラに映る範囲の（　5　）などの環境を事前に整えておくなど、医師が使いやすく、患者が見やすい配慮も必要である。

〔語　群〕
① 「少々お待ちください」　　② 「失礼いたしました」　　③ 「ただいまよろしいでしょうか」
④ 連絡先　　⑤ 病院名　　⑥ 背景　　⑦ 壁面　　⑧ 不快感　　⑨ 緊張感　　⑩ 信頼

2．次は、「封筒の書き方」について述べたものである。正しいものには①の、誤っているものは②のマーク欄を塗りつぶしなさい（①または②のみにマークする機械的な解答は、該当するすべての設問を0点とする）。

　　6　長形の封筒を縦書きする場合、郵便番号以外は算用数字ではなく漢数字を使う。
　　7　長形の封筒を縦書きする場合の外脇付けは、封筒の左下の位置である。
　　8　長形の封筒を縦にし、横書きすることは基本的にはできない。
　　9　長形の封筒を横にして使用する場合、切手を貼る位置は左上である。
　　10　角形の封筒は、文書を折らずに送りたい場合に適している。

【医療機関の組織・運営、医療関連法規】

1. 医療用語〔A群〕とその説明〔B群〕を組み合わせ、該当する番号のマーク欄を塗りつぶしなさい。

〔A　群〕

11	オープンシステム	16	サマリー
12	メディケイド	17	プライマリケア
13	POMR	18	EBM
14	NST	19	DI
15	カンファレンス	20	Cl

〔B　群〕

① 栄養サポートチームのことで、医師や管理栄養士だけでなく、看護師、薬剤師、コメディカルなど他職種による話し合いのもとで患者への適切な栄養管理を実施し支援する。

② 米国の低所得者に対する公的医療扶助制度のこと。

③ 患者が最初に接する初期医療のこと。

④ 医薬品情報管理のこと。

⑤ 病院の設備や施設等、ときには治療なども地域の診療所の医師等に開放すること。

⑥ 診療の成果を評価するために具体的に用いる指標のこと。臨床評価指標ともいう。

⑦ 患者についての問題点をスタッフ同士で話し合い検討し、治療方針や看護計画等を立て実践し評価すること。

⑧ 問題指向型診療録のことで、患者の抱えるさまざまな問題に目を向け、その問題を中心に医療の考え方に合わせた診療方法のこと。

⑨ 根拠に基づいた医療のこと。妥当性のある最新の臨床研究から得られた証拠を基礎とする医療提供のこと。

⑩ 患者が退院した後にその経過、治療内容、退院時所見をまとめたもの。

2．次の設問を読み、正しいものには①の、誤っているものには②のマーク欄を塗りつぶしなさい（①または②のみにマークする機械的な解答は、該当するすべての設問を０点とする）。

21 社会医療法人は収益業務を行ってはならない。

22 医師事務作業補助者は院内がん登録等の統計・調査を行って良い。

23 地域包括ケア病棟は医療法において規定される病床区分である。

24 調剤業務に従事する薬剤師は、調剤の求があった場合には、正当な理由なく拒んではならない。

25 介護老人保健施設に入所中の期間でも、医療機関への定期的な通院は認められる。

26 厚生労働大臣の承認を受ければ、特定機能病院を開設することが可能である。

27 地域医療支援病院は医薬品情報管理室を設置しなければならない。

28 臨床研究中核病院とは、医療法で規定される病院種別のひとつである。

29 精神保健福祉士（ＭＨＳＷ）は、厚生労働大臣の免許を必要とする。

30 二次医療圏は都道府県の区域を単位として設定されている。

3．次の文章は医薬品の処方に関するものである。（　　　）の中に入る最も適切な語句を下記の語群から選び、その番号のマーク欄を塗りつぶしなさい。

医薬品の処方は調剤を行う場所により院内処方と院外処方がある。

（ 31 ）は、「（ 32 ）が少ない」「登録が１回で済む」など患者の利便性が高く、患者の病名、（ 33 ）内容や検査結果、医療的な経過について、（ 34 ）指導を行う薬剤師も一緒に確認ができるという点が大きなメリットである。

しかし、薬剤師等の（ 35 ）がかかるうえ、医薬品の（ 36 ）もかかる。また、調剤スペースや分包機、調剤管理システム等の（ 37 ）もかかるなど、経済的な面でデメリットを有する。

一方（ 38 ）の場合、保険医療機関にとっては、（ 39 ）の収入がほぼそのまま事業利益になるが、患者にとっては保険医療機関への支払いの他に（ 40 ）において支払いが発生することになるので、保険医療機関を選定するうえでの検討材料となる可能性が示唆される。

〔語　群〕

① 院外処方　② 院内処方　③ 在庫費用　④ 処方箋料　⑤ 診療

⑥ 人件費　⑦ 設備費用　⑧ 待ち時間　⑨ 調剤薬局（保険薬局）

⑩ 服薬

20

4．次の診療報酬制度に関する各設問につき、正しいものを①〜⑤の中から選び、その番号のマーク
　　欄を塗りつぶしなさい。

41　診療報酬改定において、改定率を決定するのはどれか。

　　① 内閣　② 厚生労働大臣　③ 財務大臣　④ 中央社会保険医療協議会　⑤ 地方厚生局長

42　診療報酬の大改定は概ね何年に 1 回か。

　　① 1 年　② 2 年　③ 3 年　④ 4 年　⑤ 5 年

43　薬価基準改定は概ね何年に 1 回か。

　　① 1 年　② 2 年　③ 3 年　④ 4 年　⑤ 5 年

44　診療報酬改定において、点数表の具体的な内容を議論するのはどれか。

　　① 内閣　② 厚生労働大臣　③ 財務大臣　④ 中央社会保険医療協議会　⑤ 地方厚生局長

45　日本が採用している診療報酬の支払い方式をすべて選んでいるものはどれか。

　　a. 人頭払い　　b. 成果報酬払い　　c. 出来高払い　　d. 包括払い

　　① a のみ　② a, c, d　③ b, c　④ c, d　⑤ a〜d のすべて

46　診療報酬の審査支払を行う機関をすべて選んでいるものはどれか。

　　a. 都道府県　　b. 国保連合会　　c. 支払基金　　d. 地方厚生局

　　① a, b　② a, c, d　③ b, c　④ a〜d のすべて　⑤ d のみ

47　診療報酬の審査に不服がある場合、再審査請求を行うことができる機関をすべて選んでい
　　るものはどれか。

　　a. 保険医療機関　　b. 保険者　　c. 都道府県知事

　　① a のみ　② a, b　③ b, c　④ a, b, c　⑤ c のみ

48　診療報酬の財源をすべて選んでいるものはどれか。

　　a. 公費　　b. 自己負担　　c. 保険料

　　① a, b　② a, c　③ b のみ　④ b, c　⑤ a, b, c のすべて

49　診療報酬点数表に規定がある診療行為をすべて選んでいるものはどれか。

　　a. 美容整形の隆鼻術　　b. 異常分娩に対する帝王切開術　　c. インフルエンザの予防接種

　　① a, b　② a, c　③ b のみ　④ b, c　⑤ a, b, c のすべて

50　診療報酬請求において，記載内容に不備があったときに，請求書・明細書が請求した医療
　　機関に差し戻されることを何というか。

　　① 減点　② 差戻　③ 査定　④ 返戻　⑤ 却下

21

【医学的基礎知識・医療関連知識】

1．次の文章の（　　　）の中に入る最も適切な語句を下記の語群から選び、その記号のマーク欄を塗りつぶしなさい。

　　花粉症とは、眼・鼻・喉などで引き起こされるアレルギー症状の総称である。例えば鼻腔内に入ってきたスギ等の植物の花粉を身体が抗原、別名（　1　）と判断し、この（　1　）に対する（　2　）反応によって症状が引き起こされる。花粉症は発病時期が限定されるので、（　3　）アレルギー性鼻炎とも呼ばれる。発症機序は、鼻腔内の粘膜に付着した（　1　）に対して体内で（　4　）が作られ鼻の粘膜に存在する肥満細胞に結合し、その後再び（　1　）が侵入すると、肥満細胞の表面で（　5　）が引き起こされ、その刺激で肥満細胞から鼻炎の症状を引き起こす（　6　）やロイコトリエンなどの（　7　）とよばれる成分が放出され花粉症の典型的な症状が出現する。

　　花粉症は、くしゃみ、（　8　）、鼻閉の鼻の三大症状だけでなく、結膜の（　9　）、流涙、充血などの眼症状を伴うことが多い。

　　治療には「アレルゲン免疫療法」、「手術療法」もあるが、「（　10　）」が主に選択される。

〔語　群〕

① 抗体　　② 掻痒感　　③ 抗原抗体反応　　④ 免疫　　⑤ ヒスタミン

⑥ 薬物療法　　⑦ 化学伝達物質　　⑧ アレルゲン　　⑨ 水性鼻漏　　⑩ 季節性

2．次の文章を読み、正しいものは①の、誤っているものは②のマーク欄を塗りつぶしなさい。

11 自然気胸は若い痩せ型の女性に発症することが多い。

12 狭心症は、労作性狭心症と異型狭心症に大別される。

13 十二指腸潰瘍の症状は、空腹時心窩部痛が典型的症状である。

14 Ｃ型肝炎は、慢性化率が低く、ほとんど治癒する。

15 ネフローゼ症候群は、老人のみに好発する。

16 巨人症は、成長ホルモンの分泌低下により発症する。

17 尿崩症は、抗利尿ホルモンの分泌低下により発症する。

18 甲状腺の疾患は基礎代謝を亢進もしくは低下させる。

19 クッシング（病）症候群では、独特の満月様顔貌を示す。

20 痛風では、血中の乳酸値が上昇する。

3．次のひらがな又は英語を、漢字または日本語（漢字）に直しなさい。

21 せっしょくせいひふえん：いわゆる「かぶれ」のこと

22 まんせいふくびくうえん：蓄膿症ともいう

23 ましん：はしかともいわれる

24 ふせいみゃく：心拍動に異常が生じ、リズムが不規則なもの

25 きょうしんしょう：虚血性心疾患のこと

26 cerebral infarction：何らかの原因で血管が閉塞し発症する

27 pneumonia：細菌などの感染によって起こることが多い

28 gastric ulcer：ストレス、喫煙、食習慣、ヘリコバクター・ピロリ菌の感染で発症する

29 palpitation：心臓の拍動を自覚し、違和感や強い鼓動を感じる状態

30 tumor：組織が過剰に増殖して塊となったもの

4．次のA群の略語に関連する語句をB群から選び、その番号のマーク欄を塗りつぶしなさい。

A群	B群
31 HUS	① 特発性血小板減少性紫斑病
32 GTT	② 滲出性中耳炎
33 CABG	③ ブドウ糖負荷試験
34 ITP	④ 性行為感染症
35 MCLS	⑤ 川崎病（皮膚粘膜リンパ節症候群）
36 NSAIDs	⑥ 非ステロイド性抗炎症薬
37 OME	⑦ 溶血性尿毒症症候群
38 ROM	⑧ 一過性脳虚血発作
39 STD	⑨ 冠動脈大動脈バイパス術
40 TIA	⑩ 関節可動域

5．次の文章を読み、正しい組み合わせを選び、その番号のマーク欄を塗りつぶしなさい。

41 腎機能障害において認める典型的症状は次のうちどれか。

　a．るい痩　　b．浮腫　　c．乏尿　　d．蛋白尿

　① a，b，c　　② a，c，d　　③ b，c，d　　④ a，b，d

　⑤ a～dの全て

42 血清タンパク質はどれか。

　a．クレアチニン　　b．アルブミン　　c．アンモニア　　d．グロブリン

　① a，b　　② a，c，d　　③ b，c　　④ b，d　　⑤ a～dの全て

43 血中脂質に分類される検査項目はどれか。

　a．HDL-Cho　　b．ALP　　c．TG　　d．LDL-Cho

　① a，b，c　　② a，c，d　　③ b，c　　④ b，d　　⑤ a～dの全て

44 次のうち外分泌腺はどれか。

　a．汗腺　　b．胸腺　　c．唾液腺　　d．甲状腺

　① a，b　　② a，c　　③ b，c　　④ b，d　　⑤ a，d

45 B型肝炎の主な感染経路はつぎのうちどれか。

　a．経口感染　　b．血液感染　　c．性行為感染　　d．空気感染

　① a，b，c　　② a，c，d　　③ b，c　　④ b，d　　⑤ a～dの全て

46 次のうち内分泌疾患はどれか。

　a．脂質異常症　　b．橋本病　　c．ウェルニッケ脳症　　d．尿崩症

　① a，b，c　　② a，c，d　　③ b，c　　④ b，d　　⑤ a～dの全て

47 糖尿病の自覚症状はどれか。

　a．易倦怠感　　b．多飲　　c．多尿　　d．痩せ

　① a，b，c　　② a，c，d　　③ b，c　　④ b，d　　⑤ a～dの全て

48 バセドウ病の典型的症状はどれか。

　a．頻脈　　b．眼球突出　　c．徐脈　　d．便秘

　① a，b　　② a，c　　③ b，c　　④ b，d　　⑤ a，d

49 尿路結石症の典型的な症状はどれか。

　a．側腹部激痛　　b．掻痒感　　c．浮腫　　d．血尿

　① a，b　　② c，d　　③ b，c　　④ b，d　　⑤ a，d

50 急性膀胱炎の典型的な症状はどれか。

　a．排尿時痛　　b．頻尿　　c．尿混濁　　d．全身症状

　① a，b，c　　② a，c，d　　③ b，c　　④ b，d　　⑤ a～dの全て

第68回

2級 **医療秘書技能検定試験問題①答案用紙**

学 校 名 （出身校）		在学（　）年生 既卒

フリガナ		
受験者氏名	（姓）	（名）

受　験　番　号
（最後に番号とマークをもう一度確認すること）

番号を記入しマークしてください。

① ① ① ① ① ① ①
② ② ② ② ② ② ②
③ ③ ③ ③ ③ ③ ③
④ ④ ④ ④ ④ ④ ④
⑤ ⑤ ⑤ ⑤ ⑤ ⑤ ⑤
⑥ ⑥ ⑥ ⑥ ⑥ ⑥ ⑥
⑦ ⑦ ⑦ ⑦ ⑦ ⑦ ⑦
⑧ ⑧ ⑧ ⑧ ⑧ ⑧ ⑧
⑨ ⑨ ⑨ ⑨ ⑨ ⑨ ⑨
⓪ ⓪ ⓪ ⓪ ⓪ ⓪ ⓪

級 区 分	答案種類	職　業
1級　①	問題①　●	医療機関勤務　①
準1級　(準)	問題②　②	学　　　　生　②
2級　●		会　社　員　③
3級　③		主　　　婦　④
		そ　の　他　⑤

[医療秘書実務]

設 問 1	解　　答　　欄
1	① ② ③ ④ ⑤ ⑥ ⑦ ⑧ ⑨ ⑩
2	① ② ③ ④ ⑤ ⑥ ⑦ ⑧ ⑨ ⑩
3	① ② ③ ④ ⑤ ⑥ ⑦ ⑧ ⑨ ⑩
4	① ② ③ ④ ⑤ ⑥ ⑦ ⑧ ⑨ ⑩
5	① ② ③ ④ ⑤ ⑥ ⑦ ⑧ ⑨ ⑩

設 問 2	解　答　欄
6	① ②
7	① ②
8	① ②
9	① ②
10	① ②

[医療機関の組織・運営、医療関連法規]

設 問 1	解　　答　　欄
11	① ② ③ ④ ⑤ ⑥ ⑦ ⑧ ⑨ ⑩
12	① ② ③ ④ ⑤ ⑥ ⑦ ⑧ ⑨ ⑩
13	① ② ③ ④ ⑤ ⑥ ⑦ ⑧ ⑨ ⑩
14	① ② ③ ④ ⑤ ⑥ ⑦ ⑧ ⑨ ⑩
15	① ② ③ ④ ⑤ ⑥ ⑦ ⑧ ⑨ ⑩
16	① ② ③ ④ ⑤ ⑥ ⑦ ⑧ ⑨ ⑩
17	① ② ③ ④ ⑤ ⑥ ⑦ ⑧ ⑨ ⑩
18	① ② ③ ④ ⑤ ⑥ ⑦ ⑧ ⑨ ⑩
19	① ② ③ ④ ⑤ ⑥ ⑦ ⑧ ⑨ ⑩
20	① ② ③ ④ ⑤ ⑥ ⑦ ⑧ ⑨ ⑩

設 問 2	解　答　欄
21	① ②
22	① ②
23	① ②
24	① ②
25	① ②
26	① ②
27	① ②
28	① ②
29	① ②
30	① ②

設問3	解　　答　　欄
31	① ② ③ ④ ⑤ ⑥ ⑦ ⑧ ⑨ ⑩
32	① ② ③ ④ ⑤ ⑥ ⑦ ⑧ ⑨ ⑩
33	① ② ③ ④ ⑤ ⑥ ⑦ ⑧ ⑨ ⑩
34	① ② ③ ④ ⑤ ⑥ ⑦ ⑧ ⑨ ⑩
35	① ② ③ ④ ⑤ ⑥ ⑦ ⑧ ⑨ ⑩
36	① ② ③ ④ ⑤ ⑥ ⑦ ⑧ ⑨ ⑩
37	① ② ③ ④ ⑤ ⑥ ⑦ ⑧ ⑨ ⑩
38	① ② ③ ④ ⑤ ⑥ ⑦ ⑧ ⑨ ⑩
39	① ② ③ ④ ⑤ ⑥ ⑦ ⑧ ⑨ ⑩
40	① ② ③ ④ ⑤ ⑥ ⑦ ⑧ ⑨ ⑩

設問4	解　答　欄
41	① ② ③ ④ ⑤
42	① ② ③ ④ ⑤
43	① ② ③ ④ ⑤
44	① ② ③ ④ ⑤
45	① ② ③ ④ ⑤
46	① ② ③ ④ ⑤
47	① ② ③ ④ ⑤
48	① ② ③ ④ ⑤
49	① ② ③ ④ ⑤
50	① ② ③ ④ ⑤

[医学的基礎知識、医療関連知識]

設問1	解　　答　　欄
1	① ② ③ ④ ⑤ ⑥ ⑦ ⑧ ⑨ ⑩
2	① ② ③ ④ ⑤ ⑥ ⑦ ⑧ ⑨ ⑩
3	① ② ③ ④ ⑤ ⑥ ⑦ ⑧ ⑨ ⑩
4	① ② ③ ④ ⑤ ⑥ ⑦ ⑧ ⑨ ⑩
5	① ② ③ ④ ⑤ ⑥ ⑦ ⑧ ⑨ ⑩
6	① ② ③ ④ ⑤ ⑥ ⑦ ⑧ ⑨ ⑩
7	① ② ③ ④ ⑤ ⑥ ⑦ ⑧ ⑨ ⑩
8	① ② ③ ④ ⑤ ⑥ ⑦ ⑧ ⑨ ⑩
9	① ② ③ ④ ⑤ ⑥ ⑦ ⑧ ⑨ ⑩
10	① ② ③ ④ ⑤ ⑥ ⑦ ⑧ ⑨ ⑩

設問2	解　答　欄
11	① ②
12	① ②
13	① ②
14	① ②
15	① ②
16	① ②
17	① ②
18	① ②
19	① ②
20	① ②

設問3. 記述問題

21	22	23	24	25
26	27	28	29	30

設問4	解　　答　　欄
31	① ② ③ ④ ⑤ ⑥ ⑦ ⑧ ⑨ ⑩
32	① ② ③ ④ ⑤ ⑥ ⑦ ⑧ ⑨ ⑩
33	① ② ③ ④ ⑤ ⑥ ⑦ ⑧ ⑨ ⑩
34	① ② ③ ④ ⑤ ⑥ ⑦ ⑧ ⑨ ⑩
35	① ② ③ ④ ⑤ ⑥ ⑦ ⑧ ⑨ ⑩
36	① ② ③ ④ ⑤ ⑥ ⑦ ⑧ ⑨ ⑩
37	① ② ③ ④ ⑤ ⑥ ⑦ ⑧ ⑨ ⑩
38	① ② ③ ④ ⑤ ⑥ ⑦ ⑧ ⑨ ⑩
39	① ② ③ ④ ⑤ ⑥ ⑦ ⑧ ⑨ ⑩
40	① ② ③ ④ ⑤ ⑥ ⑦ ⑧ ⑨ ⑩

設問5	解　答　欄
41	① ② ③ ④ ⑤
42	① ② ③ ④ ⑤
43	① ② ③ ④ ⑤
44	① ② ③ ④ ⑤
45	① ② ③ ④ ⑤
46	① ② ③ ④ ⑤
47	① ② ③ ④ ⑤
48	① ② ③ ④ ⑤
49	① ② ③ ④ ⑤
50	① ② ③ ④ ⑤

第69回（2022年11月6日実施）

医療秘書技能検定試験
2級

問題① 「医療秘書実務」〜「医療関連知識」

試験時間　55分

〈2級〉　　　　　　　　　

【医療秘書実務】

1．次は、「患者のクレーム対応」について述べたものである。文中の（　　　）の中に入る最も適切な語句を語群から選び、その番号のマーク欄を塗りつぶしなさい。

　　病院には様々な経緯で多くの患者が来院する。時には、待ち時間の長さやスタッフの態度、説明不足等、医療サービスについて（　1　）な思いをしたときに、病院へのクレームが発生することがあり、患者が医療秘書にクレームを訴える場合もある。クレームを訴えている患者の多くは（　2　）になっているため、事務的な対応ではなく、（　3　）の姿勢と（　4　）な態度が重要である。つまり、患者の話に耳を傾け、相手の立場になって考えることで話の状況を理解することができる。また、聞くだけで終わりにせず、（　5　）に解決を図ることが信頼回復のために必要である。

〔語　群〕

① 心配　　② 不快　　③ 論理的　　④ 感情的　　⑤ 長期的

⑥ 傾聴　　⑦ 感謝　　⑧ 誠実　　⑨ 公平　　⑩ 迅速

2．次は、「上座・下座」について述べたものである。正しいものは①の、誤っているものは②のマーク欄を塗りつぶしなさい（①または②のみにマークする機械的な解答は、該当するすべての設問を0点とする）。

　6　患者の家族を応接室へ案内して座ってもらうのは、ソファより一人掛けのイスのほうがよい。

　7　会議のときに後輩職員が座ったほうがよいのは、入口から近い席である。

　8　エレベーターを使って来客を案内するときに、来客に立ってもらう位置はドアの前のあたりである。

　9　先輩職員と一緒にタクシーに乗るときは、乗りづらい後部座席には自分が先に乗り込む。

　10　食堂で上司と一緒に食事をするときは、上司には出入口より遠い席に座ってもらう。

【医療機関の組織・運営、医療関連法規】

1. 次は「医薬品や材料の管理」に関する記述である。（　　　　）の中に入る最も適する語句を語群から選び、その番号のマーク欄を塗りつぶしなさい。

　　医薬品や材料の管理の基本は、（　11　）と（　12　）のバランスによる適正在庫管理の実現を指すことである。（　11　）により欠品が生じると、場合によっては患者の生死にかかわる問題になる。そのため、在庫管理は（　13　）の重視が優先される。

　　しかし、この度合いが過ぎると（　12　）となり、（　14　）の増加をもたらし医業経営に大きなインパクトを与える可能性がある。それだけではなく、期限切れに伴う（　15　）の増加といった問題を起こす確率を高めることになる。

　　適正在庫水準を維持するためには、適正な発注にある。つまり、過去の使用状況を分析するとともに将来起こりうる要因を加味して（　16　）を予測し、これと（　17　）の状況および発注から（　18　）までの期間をもとに発注数量が決まる。

　　（　17　）を正確に把握するには、（　19　）の際に該当の医薬品や材料がスムーズに発見できるよう（　20　）を決めておくなど対応が必要である。

〔語　群〕
① コスト　　② 安全性　　③ 過少在庫　　④ 過剰在庫　　⑤ 在庫数量
⑥ 需要量　　⑦ 棚卸　　　⑧ 納品　　　　⑨ 廃棄ロス　　⑩ 保管場所

2. 次の設問を読み、正しいものは①の、誤っているものは②のマーク欄を塗りつぶしなさい（①または②のみにマークする機械的な解答は、該当するすべての設問を0点とする）。

21 臨床研修等修了医師等が個人で診療所を開設する場合は、開設前に都道府県知事の許可を得なければならない。

22 臨床研修等修了医師等が自ら診療所を開設し、本人のみで診療を行う場合は、開設者＝管理者となる。

23 医療機関の開設者は、臨床研修等修了医師等にこれを管理させなければならない。

24 生活保護受給者が保険医療機関にて保険診療を受ける場合、常に保険診療の患者負担金は発生しない。

25 医療を提供するにあたって、多くの職種がチームをつくって治療にあたることを「チーム医療」という。

26 病院組織は、多くの専門職の集まりであるため、チームワークが組みにくい。

27 高齢化社会に対応し、総合的な老人保健医療対策を実施するために、1983年から後期高齢者医療制度が実施されてきている。

28 地域医療支援病院は、1997年までは総合病院という名称であった。

29 大学医学部附属病院はすべて特定機能病院の承認を受けている。

30 後期高齢者医療制度では、現役並み所得者は3割負担、それ以外の者はすべて1割負担となる。

3．次の文章の（　　　）の中に入る最も適切な語句を語群から選び、その番号のマーク欄を塗りつぶしなさい。

　　保険医療機関で発生する医療費は（ 31 ）と自由診療に大別できるが、換言すれば、保険の対象となる診療と保険の対象とならない診療があるといえる。保険の対象とならない自由診療の具体的な例として、美容目的の（ 32 ）や健康診断・（ 33 ）、予防接種に正常分娩等がある。

　　また、第三者の原因による交通事故の場合は（ 34 ）により損害賠償される場合や通勤途上の事故の場合は（ 35 ）で扱われる。

　　そして（ 31 ）と自由診療を同一患者において施行した場合は、原則として、一連の診療はすべてが（ 31 ）の対象外となり、これを「（ 36 ）の禁止」という。この併用した診療を例外的に認める制度が（ 37 ）である。この制度は、一定の範囲の医療行為またはサービスを（ 31 ）と併用することを認めており、評価療養の（ 38 ）等、（ 39 ）の差額ベッド代等そして未承認等の医薬品、医療機器、再生医療等の迅速な使用に患者からの申出のために創設されている（ 40 ）がある。

〔語　群〕
① 労災保険　　② 患者申出療養　　③ 保険診療　　④ 混合診療　　⑤ 選定療養
⑥ 整形手術　　⑦ 保険外併用療養費制度　　⑧ 自動車損害賠償保障法　　⑨ 人間ドック
⑩ 先進医療

4．76歳（無職、一定以上の所得者ではない）の女性が、急に発症した左上下肢の麻痺を訴え、保険医療機関の救急外来を受診した。診察の結果、医師は脳梗塞と診断し、一般病床へ入院となった。入院中はリハビリが行われ、食事が提供された。この場合において、以下の各問いに関し該当するものを選び、その番号のマーク欄を塗りつぶしなさい。

41　この患者が加入している公的医療保険はどれか。
　　① 健康保険　　② 共済保険　　③ 国民健康保険　　④ 後期高齢者医療制度
　　⑤ 労災保険

42　医師の指示により、静脈路の確保を行える職種はどれか。
　　① 看護助手　　② 看護師　　③ 管理栄養士　　④ 臨床工学技士　　⑤ 薬剤師

43　医師の指示に基づき、頭部MRI撮影を行える職種はどれか。
　　① 看護師　　② 診療放射線技師　　③ 理学療法士　　④ 臨床工学技士
　　⑤ 臨床検査技師

44　入院中、患者が不眠を訴えたため、過去に交付された処方箋を参照して、睡眠導入剤の処方を行う職種はどれか。
　　① 薬剤師　　② 臨床検査技師　　③ 管理栄養士　　④ 看護師　　⑤ 医師

45　日常生活動作訓練、住環境への適応訓練等を行う職種はどれか。
　　① 看護師　　② 言語聴覚士　　③ 作業療法士　　④ 理学療法士　　⑤ 薬剤師

46　嚥下機能に問題を認めたため、医師の指示により食事形態の調節を行う職種はどれか。
　　① 看護師　　② 言語聴覚士　　③ 管理栄養士　　④ 理学療法士　　⑤ 薬剤師

47 この事例において患者が公的医療保険の保険給付を<u>受けることができないもの</u>はどれか。

　① 高額療養費　　② 傷病手当金　　③ 入院時食事療養費　　④ 療養の給付

　⑤ すべて受けることができる

48 この患者が支払う費用は次のうちどれか。

　① 診療費の1割　　② 診療費の1割および食事数分の標準負担額　　③ 診療費の2割

　④ 診療費の3割　　⑤ 診療費の3割および食事数分の標準負担額

49 保険医療機関は、収入となるべき費用のうち、患者負担を除いた費用をどこに請求するか。

　① 全国健康保険協会　　② 支払基金　　③ 健康保険組合連合会

　④ 国民健康保険中央会　　⑤ 国保連合会

50 保険医療機関が患者から<u>実費徴収できないもの</u>はどれか。

　① 冷暖房代　　② 理髪代　　③ テレビ代　　④ 生命保険の証明書発行料金

　⑤ おむつ代

【医学的基礎知識・医療関連知識】

1．次の文章の（　　　　）の中に入る最も適切な語句を下記の語群から選び、その記号のマーク欄を塗りつぶしなさい。

　　　甲状腺は蝶のような形をした臓器で、俗に言う（　1　）の直下、頸部（首）の中央（真ん中）に位置し、身体の新陳（　2　）のみならず小児期の成長や発育などを調節する作用がある（　3　）を分泌する。

　　　甲状腺の働きが（　4　）して、血液中の甲状腺ホルモンが不足すると、皮膚の乾燥や易疲労感などの症状が出現し、これを（　5　）という。治療は甲状腺ホルモン（　6　）がおこなわれる。一方、血液中の甲状腺ホルモンの分泌が（　7　）になる場合は、（　8　）という。代表的疾患に（　9　）がある。治療は（　10　）の投与、放射線治療、手術療法などが行われる。

　　〔語　群〕

　　　① 低下　　② バセドウ病　　③ 甲状腺機能低下症　　④ 甲状腺ホルモン

　　　⑤ 補充療法　　⑥ 抗甲状腺薬　　⑦ 過剰　　⑧ のど仏　　⑨ 甲状腺機能亢進症

　　　⑩ 代謝

2．次の文章を読み、正しいものには①の、誤っているものには②のマーク欄を塗りつぶしなさい。

　　11　心筋梗塞は心筋への血流が途絶して起こり、20分以上持続する激しい胸痛が出現する。

　　12　前立腺肥大症は、肥大した前立腺が尿道を圧迫する病態で、中高年の女性に多い。

　　13　骨粗鬆症は、閉経後の女性に発症しやすい。

　　14　緑内障は水晶体が変性し、白色に濁ることで発症する。

　　15　僧帽弁は3枚の弁、それ以外の弁は2枚の弁よりなる。

　　16　2型糖尿病の多くは、遺伝因子や環境因子が関係して発症する。

　　17　クモ膜下出血は突然の強烈な頭痛を主訴とすることが大半である。

　　18　二次性高血圧症は原因が特定できるもので、高血圧症患者の95％を占める。

　　19　脂質異常症の放置は動脈硬化を併発し、虚血性心疾患や脳血管疾患の原因となる。

　　20　子宮筋腫は子宮にできる悪性腫瘍である。

3．次のひらがな又は英語を、漢字に直しなさい。

　　　21　だっきゅう：関節面の整合性が失われた状態

　　　22　とうごうしっちょうしょう：かつて精神分裂病と呼ばれていた

　　　23　つうふう：尿酸が増加し起こる疾患

　　　24　にょうほうしょう：抗利尿ホルモンの分泌低下による疾患

　　　25　しきゅうたいじんえん：持続的に蛋白尿・血尿を排出する

　　　26　bronchial asthma：気道が一過性に狭窄して呼吸困難を主訴とする疾患

　　　27　arrhythmia：心拍動に異常が生じ、リズムが不規則になる

　　　28　gastric ulcer：ストレス、喫煙、食習慣、ヘリコバクターピロリの感染などで発症する

　　　29　constipation：数日間排便を認めない状態

　　　30　pneumonia：呼吸器疾患の一つ

4．次のA群の略語に関連する語句をB群から選び、その番号のマーク欄を塗りつぶしなさい。

A群	B群
31　DM	① 中性脂肪
32　PTSD	② 重症急性呼吸器症候群
33　CKD	③ 慢性腎臓病
34　MRSA	④ 心的外傷後ストレス障害
35　SARS	⑤ 結核
36　TB	⑥ 注意欠如・多動症(注意欠陥多動性障害)
37　BS	⑦ 糖尿病
38　ADHD	⑧ メチシリン耐性黄色ブドウ球菌
39　ALP	⑨ 血糖値
40　TG	⑩ アルカリフォスファターゼ

5．次の文章を読み、正しい組み合わせを選び、その番号のマーク欄を塗りつぶしなさい。

41 糖尿病の合併症として認められる病態はどれか。

　　a．網膜症　　b．腎症　　　c．足壊疽（皮膚潰瘍）　　　d．神経障害

　　① a，b，c　　② a，c，d　　③ b，c　　④ b，d　　⑤ a〜dのすべて

42 生化学的検査で肝機能の指標となるものはどれか。

　　a．BUN　　b．AST　　c．γ-GTP　　d．Cre

　　① a，b　　② a，c　　③ b，c　　④ b，d　　⑤ a〜dのすべて

43 胆石症の症状はどれか。

　　a．発熱　　b．吐血　　c．上腹部痛　　d．黄疸

　　① a，b，c　　② a，b，d　　③ b，c，d　　④ a，c，d　　⑤ a〜dの全て

44 脂質異常症の診断基準となる指標は次のうちどれか。

　　a．HDL-CHOL 高値　　b．HDL-CHOL 低値　　c．LDL-CHOL 低値　　d．LDL-CHOL 高値

　　① a，b　　② a，c　　③ b，c　　④ b，d　　⑤ a，d

45 内耳にある構造はどれか。

　　a．鼓膜　　b．蝸牛　　c．三半規管　　d．耳小骨

　　① a，b　　② a，c　　③ b，c　　④ b，d　　⑤ a〜dのすべて

46 甲状腺機能亢進症（バセドウ病）でおこる症状はどれか。

　　a．体重減少　　b．頻脈　　c．発汗　　d．眼球突出

　　① a，b，c　　② a，b，d　　③ b，c，d　　④ a，c，d　　⑤ a〜dの全て

47 緑内障の症状はどれか。

　　a．視野狭窄　　b．高眼圧　　c．水晶体混濁　　d．頭痛

　　① a，b，c　　② a，b，d　　③ b，c，d　　④ a，c，d　　⑤ a〜dの全て

48 真菌感染症はどれか。

　　a カンジダ症　　b．帯状疱疹　　c．白癬　　d．破傷風

　　① a，b　　② a，c　　③ b，c　　④ c，d　　⑤ b，d

49 常染色体異常による疾患はどれか。

　　a．ダウン症候群　　b．エドワード症候群　　c．パトウ症候群

　　d．クラインフェルター症候群

　　① a，b，c　　② a，b，d　　③ b，c，d　　④ a，c，d　　⑤ a〜dの全て

50 細菌感染症はどれか。

　　a．結核　　b．百日咳　　c．梅毒　　d．麻疹

　　① a，b，c　　② a，c，d　　③ b，c　　④ b，d　　⑤ a〜dのすべて

第69回
2 級 医療秘書技能検定試験問題①答案用紙

学　校　名 （出身校）		在学（　）年生 既卒

フリガナ		
受験者氏名	（姓）	（名）

級 区 分	
1級	①
準1級	(準)
2級	●
3級	③

答案種類	
問題①	●
問題②	②

職　　業	
医療機関勤務	①
学　　　　生	②
会　社　員	③
主　　　　婦	④
そ　の　他	⑤

[医療秘書実務]

設 問 1	解　　答　　欄
1	① ② ③ ④ ⑤ ⑥ ⑦ ⑧ ⑨ ⑩
2	① ② ③ ④ ⑤ ⑥ ⑦ ⑧ ⑨ ⑩
3	① ② ③ ④ ⑤ ⑥ ⑦ ⑧ ⑨ ⑩
4	① ② ③ ④ ⑤ ⑥ ⑦ ⑧ ⑨ ⑩
5	① ② ③ ④ ⑤ ⑥ ⑦ ⑧ ⑨ ⑩

設 問 2	解　答　欄
6	① ②
7	① ②
8	① ②
9	① ②
10	① ②

[医療機関の組織・運営、医療関連法規]

設 問 1	解　　答　　欄
11	① ② ③ ④ ⑤ ⑥ ⑦ ⑧ ⑨ ⑩
12	① ② ③ ④ ⑤ ⑥ ⑦ ⑧ ⑨ ⑩
13	① ② ③ ④ ⑤ ⑥ ⑦ ⑧ ⑨ ⑩
14	① ② ③ ④ ⑤ ⑥ ⑦ ⑧ ⑨ ⑩
15	① ② ③ ④ ⑤ ⑥ ⑦ ⑧ ⑨ ⑩
16	① ② ③ ④ ⑤ ⑥ ⑦ ⑧ ⑨ ⑩
17	① ② ③ ④ ⑤ ⑥ ⑦ ⑧ ⑨ ⑩
18	① ② ③ ④ ⑤ ⑥ ⑦ ⑧ ⑨ ⑩
19	① ② ③ ④ ⑤ ⑥ ⑦ ⑧ ⑨ ⑩
20	① ② ③ ④ ⑤ ⑥ ⑦ ⑧ ⑨ ⑩

設 問 2	解　答　欄
21	① ②
22	① ②
23	① ②
24	① ②
25	① ②
26	① ②
27	① ②
28	① ②
29	① ②
30	① ②

設問3

	解　答　欄
31	① ② ③ ④ ⑤ ⑥ ⑦ ⑧ ⑨ ⑩
32	① ② ③ ④ ⑤ ⑥ ⑦ ⑧ ⑨ ⑩
33	① ② ③ ④ ⑤ ⑥ ⑦ ⑧ ⑨ ⑩
34	① ② ③ ④ ⑤ ⑥ ⑦ ⑧ ⑨ ⑩
35	① ② ③ ④ ⑤ ⑥ ⑦ ⑧ ⑨ ⑩
36	① ② ③ ④ ⑤ ⑥ ⑦ ⑧ ⑨ ⑩
37	① ② ③ ④ ⑤ ⑥ ⑦ ⑧ ⑨ ⑩
38	① ② ③ ④ ⑤ ⑥ ⑦ ⑧ ⑨ ⑩
39	① ② ③ ④ ⑤ ⑥ ⑦ ⑧ ⑨ ⑩
40	① ② ③ ④ ⑤ ⑥ ⑦ ⑧ ⑨ ⑩

設問4

	解　答　欄
41	① ② ③ ④ ⑤
42	① ② ③ ④ ⑤
43	① ② ③ ④ ⑤
44	① ② ③ ④ ⑤
45	① ② ③ ④ ⑤
46	① ② ③ ④ ⑤
47	① ② ③ ④ ⑤
48	① ② ③ ④ ⑤
49	① ② ③ ④ ⑤
50	① ② ③ ④ ⑤

[医学的基礎知識、医療関連知識]

設問1

	解　答　欄
1	① ② ③ ④ ⑤ ⑥ ⑦ ⑧ ⑨ ⑩
2	① ② ③ ④ ⑤ ⑥ ⑦ ⑧ ⑨ ⑩
3	① ② ③ ④ ⑤ ⑥ ⑦ ⑧ ⑨ ⑩
4	① ② ③ ④ ⑤ ⑥ ⑦ ⑧ ⑨ ⑩
5	① ② ③ ④ ⑤ ⑥ ⑦ ⑧ ⑨ ⑩
6	① ② ③ ④ ⑤ ⑥ ⑦ ⑧ ⑨ ⑩
7	① ② ③ ④ ⑤ ⑥ ⑦ ⑧ ⑨ ⑩
8	① ② ③ ④ ⑤ ⑥ ⑦ ⑧ ⑨ ⑩
9	① ② ③ ④ ⑤ ⑥ ⑦ ⑧ ⑨ ⑩
10	① ② ③ ④ ⑤ ⑥ ⑦ ⑧ ⑨ ⑩

設問2

	解　答　欄
11	① ②
12	① ②
13	① ②
14	① ②
15	① ②
16	① ②
17	① ②
18	① ②
19	① ②
20	① ②

設問3. 記述問題

21	22	23	24	25
26	27	28	29	30

設問4

	解　答　欄
31	① ② ③ ④ ⑤ ⑥ ⑦ ⑧ ⑨ ⑩
32	① ② ③ ④ ⑤ ⑥ ⑦ ⑧ ⑨ ⑩
33	① ② ③ ④ ⑤ ⑥ ⑦ ⑧ ⑨ ⑩
34	① ② ③ ④ ⑤ ⑥ ⑦ ⑧ ⑨ ⑩
35	① ② ③ ④ ⑤ ⑥ ⑦ ⑧ ⑨ ⑩
36	① ② ③ ④ ⑤ ⑥ ⑦ ⑧ ⑨ ⑩
37	① ② ③ ④ ⑤ ⑥ ⑦ ⑧ ⑨ ⑩
38	① ② ③ ④ ⑤ ⑥ ⑦ ⑧ ⑨ ⑩
39	① ② ③ ④ ⑤ ⑥ ⑦ ⑧ ⑨ ⑩
40	① ② ③ ④ ⑤ ⑥ ⑦ ⑧ ⑨ ⑩

設問5

	解　答　欄
41	① ② ③ ④ ⑤
42	① ② ③ ④ ⑤
43	① ② ③ ④ ⑤
44	① ② ③ ④ ⑤
45	① ② ③ ④ ⑤
46	① ② ③ ④ ⑤
47	① ② ③ ④ ⑤
48	① ② ③ ④ ⑤
49	① ② ③ ④ ⑤
50	① ② ③ ④ ⑤

第 70 回（ 2023 年 6 月 11 日実施 ）

医療秘書技能検定試験 2級

問題① 「医療秘書実務」〜「医療関連知識」

試験時間　55 分

【医療秘書実務】

1. 次は「医療秘書の行動」についての文章である。（　　　）の中に入る最も適する語句を語群から選び、その番号のマーク欄を塗りつぶしなさい。

　　　医療秘書の業務はコ・メディカルとの（　1　）が多く、そのためにも常に良い（　2　）を保たなくては能率の良い仕事をすることはできない。また、医師の（　3　）によって仕事内容が違う場合もある。（　4　）よく仕事をするためにも、（　5　）を考えて計画的に業務を遂行しなければならない。

〔語　群〕

　① 人間形成　　② 連続　　③ 効率　　　④ 関係部門　　⑤ すばやく

　⑥ 専門分野　　⑦ 順序　　⑧ 優先順位　⑨ 人間関係　　⑩ 連携

2. 次は、「名刺の取り扱い」について述べたものである。正しいものには①の、誤っているものには②のマーク欄を塗りつぶしなさい（①または②のみにマークする機械的な解答は、該当する全ての設問を0点とする）。

　　6　自分の名刺は、財布などに入れずに、きちんと名刺入れに入れて携帯しておく。

　　7　自分の名刺を持ち合わせていなかった場合は、相手からの名刺も受け取らないでおく。

　　8　自分の名刺は、片手または両手で差し出し、名刺入れをもう片側の手に持っておく。

　　9　相手の名刺は、両手で受け取り、自分の名刺入れにすぐに収めて大切に扱う。

　　10　相手の名刺には、受け取った年月日、話の概要、相手の特徴などを書いておくと良い。

【医療機関の組織・運営、医療関連法規】

1．次は「医療保障制度」の基礎用語について説明したものである。各説明に該当する用語を語群から選び、その番号のマーク欄を塗りつぶしなさい。

- 11 法令の基準に達している状態または実績を認めること。
- 12 法令の解釈や取扱いを上級の行政機関が下級の機関に文書で通知すること。
- 13 法令の規定に基づいて、所定の様式の文書により、監督機関に要請する手続き。
- 14 監督機関にいろいろと調べた結果を知らせる手続き。
- 15 医療費や傷病者の生活費等を保険制度で助けること。
- 16 禁止されている事項を法令の特別規定に基づき、行うことを許すこと。
- 17 監督機関に「こうした」等と単に事実を知らせるだけの手続き。
- 18 医療機関が請求したり保険者から支払いを受けたりするときに算定する医療費のこと。
- 19 被保険者が医療費を全額支払うことなしに医療が受けられるようにする保険給付。
- 20 行おうとすることが許可を必要とする場合は、行い得る状態の承認を必要とし、承認したら必ず許可をするという取扱い。

〔語　群〕

① 報告　　② 診療報酬　　③ 認可　　④ 承認　　⑤ 許可

⑥ 療養の給付　　⑦ 申請　　⑧ 届　　⑨ 通達　　⑩ 保険給付

2．次の業務のうち、医師事務作業補助者が法令に基づき行うことのできる業務には①の、行うことのできない業務には②のマーク欄を塗りつぶしなさい（①または②のみをマークする機械的な解答は、該当するすべての設問を 0 点とする）。

- 21 受付会計の窓口業務
- 22 電子カルテの代行入力
- 23 学会発表の資料作成
- 24 看護職員の指示業務
- 25 看護補助業務
- 26 病院経営のためのデータ管理業務
- 27 診断書の下書き作成
- 28 診療報酬請求業務
- 29 救急医療情報の管理
- 30 処方箋の記載代行

3．次の医療保障の概要図の（　　　）に入る最も適切な語句を下記の語群から選び、その番号のマーク欄を塗りつぶしなさい（名称の一部は正式名称ではなく、略称で記載されている）。

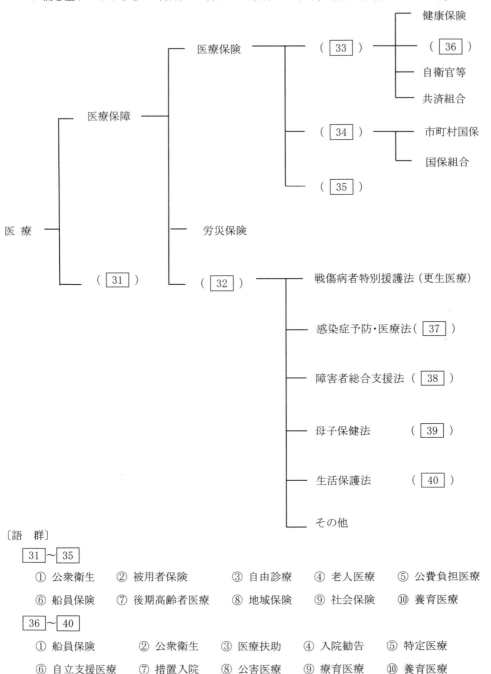

〔語　群〕

31 ～ 35

① 公衆衛生　　② 被用者保険　　③ 自由診療　　④ 老人医療　　⑤ 公費負担医療

⑥ 船員保険　　⑦ 後期高齢者医療　⑧ 地域保険　　⑨ 社会保険　　⑩ 養育医療

36 ～ 40

① 船員保険　　② 公衆衛生　　③ 医療扶助　　④ 入院勧告　　⑤ 特定医療

⑥ 自立支援医療　⑦ 措置入院　　⑧ 公害医療　　⑨ 療育医療　　⑩ 養育医療

4．次の文章の（　　　）の中に入る最も適切な語句を語群から選び、その番号のマーク欄を塗りつぶしなさい。

　　Kさんは50歳代の女性。協会けんぽの適用事業所である社会福祉法人設立の保育園で、正規職員として保育士業務に従事している。

　　ある日、悪性脳腫瘍と診断されて保険医療機関であるA病院に入院することになった。Kさんは、手術に伴う医療費と休職中の生活費のことが心配であった。

　　上記の場合において、Kさんが公的医療保険から保険給付を受けることができると考えられるものとして、（　41　）と（　42　）がある。

　　（　41　）は、KさんがA病院に支払う一部負担金の額が、所定の自己負担限度額を超えた場合に、申請により超えた額が後日払い戻されるものである。しかし、この場合、Kさんの支払が一時的に多額になること、払い戻しまでに数か月を要する。そのため、払い戻しを放棄する代わりに、A病院への支払額の負担を軽くする（　43　）の活用が検討される。このしくみを活用するには、Kさんが（　44　）に申請し、交付を受ける必要がある。なお、差額ベッドや入院時の（　45　）の支払については対象とならない。

　　（　42　）は、（　46　）の事由による傷病による療養のために仕事を休んだ日から連続して（　47　）を経過した日から労務に服することができない期間、所得保障として支給されるものである。労務不能の状態の判定は、申請書にある（　48　）の意見をもとに、Kさんの仕事の内容を考慮して（　44　）が判断する。

　　申請が認められると、1日当たり標準報酬月額の30分の1の（　49　）が原則として支給される。なお、支給期間は、支給開始日から通算して（　50　）が限度である。

〔語　群〕

41 ～ 45

① 全国健康保険協会　　② 限度額適用認定証　　③ 高額療養費　　④ 傷病手当金

⑤ 食事代

46 ～ 50

① 1年6か月　　② 3日　　③ 3分の2　　④ 業務外　　⑤ 療養担当者

【医学的基礎知識・医療関連知識】

1. 次の文章の（　　　）の中に入る最も適切な語句を下記の語群から選び、その記号のマーク欄を塗りつぶしなさい。

　　胃の粘膜は（　1　）の分泌による攻撃にさらされる一方で、（　2　）の分泌による粘膜保護の働きも備わっている。この攻撃と防御のバランスがくずれることで胃・十二指腸潰瘍を生じるが、その発症には（　3　）の感染が主な原因のひとつであることが明らかとなっている。胃・十二指腸潰瘍の主な症状は（　4　）の痛みであり、胃潰瘍では（　5　）に、十二指腸潰瘍では（　6　）に起こることが多い。X線検査や（　7　）を用いて診断され、治療には（　8　）阻害薬などの（　1　）分泌を抑える薬剤を投与する。

　　さらに、（　3　）の感染は胃癌の発症にも深く関わっている。胃癌の治療は手術が基本であるが、近年では早期癌に対して（　7　）による切除が行われることも増えている。切除不能の進行癌に対しては、抗癌薬投与による（　9　）や免疫療法などが行われる。

　　（　3　）の感染はこのように重大な疾患の発症に関わっているので、検査により感染が判明した場合は、抗生物質による（　10　）が行われる。

〔語　群〕

① 食後 1〜2 時間　　② 空腹時　　③ 内視鏡　　④ 胃酸　　⑤ プロトンポンプ
⑥ 除菌治療　　⑦ 化学療法　　⑧ 粘液　　⑨ 心窩部　　⑩ ヘリコバクター・ピロリ

2. 次の文章を読み、正しいものは①の、誤っているものは②のマーク欄を塗りつぶしなさい。

11 ドライアイとは角膜乾燥症ともいわれ、涙の分泌が低下した時におこる。

12 右心室から大動脈が出て全身に血液を送る。

13 脾臓は左上腹部の背側にあって胃と横隔膜に挟まれている。

14 貧血は血液中のアルブミンが減少し、栄養素を十分に運ぶことができないことが原因で発症する。

15 椎間板ヘルニアは胸椎におこる事が多く、胸痛の原因となる。

16 膀胱炎は一般に女性に多く、排尿痛、残尿感などがある。

17 Ⅰ型糖尿病では多くの場合、不足したインスリンを注射などで補う必要がある。

18 乳癌の好発部位は乳腺の内側下部である。

19 突発性難聴は感音性難聴の一種である。

20 胃ポリープはほとんどが悪性である。

3．次のひらがなは漢字に、英語は日本語に直しなさい。

21　こうないえん：口腔内にできるびらんや潰瘍

22　しょくどうじょうみゃくりゅう：肝硬変の症状の一つ

23　ちょうへいそく：閉塞・狭窄して起きる

24　はっけつびょう：骨髄造血機能の異常による血液の悪性疾患

25　たんせきしょう：結石によっておこる疾患

26　pituitary gland：視床下部よりぶら下がるようについている組織

27　anemia：赤血球数やヘモグロビン値などが正常以下になった状態

28　urticaria：発赤、発疹、紅斑を主徴とする皮膚疾患

29　Down syndrome：常染色体異常の一つ

30　leukemia：骨髄造血機能の異常による血液の悪性疾患

4．次のA群の略語に関連する語句をB群から選び、その番号のマーク欄を塗りつぶしなさい。

	A群		B群
31	BMI	①	新生児集中治療室
32	DIC	②	家族歴
33	FH	③	乳幼児突然死症候群
34	HR	④	黄体形成ホルモン
35	LH	⑤	ファロー四徴症
36	NICU	⑥	経皮経肝胆管ドレナージ
37	PTCD	⑦	バンコマイシン耐性腸球菌
38	SIDS	⑧	播種性血管内凝固症候群
39	TOF	⑨	体格指数
40	VRE	⑩	心拍数

5．次の文章を読み、正しい組み合わせを選び、その番号のマーク欄を塗りつぶしなさい。

41 胃底腺粘膜に存在する細胞はどれか。

　　a．壁細胞　　b．支持細胞　　c．主細胞　　　d．副細胞

　　① a，b，c　　② a，c，d　　③ b，c，d　　④ a，d　　⑤ a〜dの全て

42 肺活量に含まれるものはどれか。

　　a．一回換気量　　b．予備吸気量　　c．予備呼気量　　d．残気量

　　① a，b，c　　② a，c，d　　③ a，b　　④ c，d　　⑤ a〜d全て

43 心筋梗塞の症状はどれか。

　　a．激しい胸痛　　b．冷や汗　　c．呼吸困難　　　d．悪心・嘔吐

　　① a，b，c　　② a，c，d　　③ b，c　　④ b，d　　⑤ a〜dの全て

44 胸郭を構成しているのはどれか。

　　a．胸骨　　b．腰椎　　c．肋骨　　d．胸椎

　　① a，b，c　　② a，b，d　　③ a，c，d　　④ b，c，d　　⑤ a〜dの全て

45 ビタミン欠乏症の組み合わせで正しいものはどれか。

　　a．ビタミンA－夜盲　　b．ビタミンB₂－脚気　　c．ビタミンC－壊血病

　　d．葉酸－巨赤芽球性貧血

　　① a，b，c　　② a，b　　③ a，c，d　　④ a，c　　⑤ a，d

46 ネフローゼ症候群の症状はどれか。

　　a．低タンパク血症　　b．高コレステロール血症　　c．浮腫　　d．全身倦怠感

　　① a，b，c　　② a，c，d　　③ b，c　　④ b，d　　⑤ a〜dの全て

47 代謝性アシドーシスになるのはどれか。

　　a．糖尿病　　b．腎不全　　c．過換気症候群　　d．呼吸不全

　　① a，b，c　　② a，b　　③ a，c　　④ b，c，d　　⑤ c，d

48 動脈血が流れているのはどれか。

　　a．大動脈　　b．肺静脈　　c．大静脈　　d．臍動脈

　　① a，b　　② a，c　　③ a，d　　④ b，c　　⑤ c，d

49 喀血する疾患はどれか。

　　a．胃がん　　b．十二指腸潰瘍　　c．食道がん　　d．肺結核

　　① a，b，c　　② a，b，d　　③ a，c，d　　④ b，c，d　　⑤ dのみ

50 白内障について正しいものはどれか。

　　a．水晶体白濁　　b．眼圧上昇　　c．激しい眼痛　　d．眼内レンズ挿入

　　① a，b，c　　② a，c，d　　③ a，d　　④ b，c，d　　⑤ a〜dの全て

44

第70回
2級 医療秘書技能検定試験問題①答案用紙

学校名 (出身校)		在学( )年生 既卒

フリガナ		
受験者氏名	(姓)	(名)

級 区 分
1級 ①
準1級 ②
2級 ●
3級 ③

答案種類
問題① ●
問題② ②

職　業
医療機関勤務 ①
学　　生 ②
会　社　員 ③
主　　婦 ④
そ　の　他 ⑤

受　験　番　号
(最後に番号とマークをもう一度確認すること)

番号を記入しマークしてください。

① ① ① ① ① ① ①
② ② ② ② ② ② ②
③ ③ ③ ③ ③ ③ ③
④ ④ ④ ④ ④ ④ ④
⑤ ⑤ ⑤ ⑤ ⑤ ⑤ ⑤
⑥ ⑥ ⑥ ⑥ ⑥ ⑥ ⑥
⑦ ⑦ ⑦ ⑦ ⑦ ⑦ ⑦
⑧ ⑧ ⑧ ⑧ ⑧ ⑧ ⑧
⑨ ⑨ ⑨ ⑨ ⑨ ⑨ ⑨
⓪ ⓪ ⓪ ⓪ ⓪ ⓪ ⓪

[医療秘書実務]

設問1	解　答　欄
1	① ② ③ ④ ⑤ ⑥ ⑦ ⑧ ⑨ ⑩
2	① ② ③ ④ ⑤ ⑥ ⑦ ⑧ ⑨ ⑩
3	① ② ③ ④ ⑤ ⑥ ⑦ ⑧ ⑨ ⑩
4	① ② ③ ④ ⑤ ⑥ ⑦ ⑧ ⑨ ⑩
5	① ② ③ ④ ⑤ ⑥ ⑦ ⑧ ⑨ ⑩

設問2	解答欄
6	① ②
7	① ②
8	① ②
9	① ②
10	① ②

[医療機関の組織・運営、医療関連法規]

設問1	解　答　欄
11	① ② ③ ④ ⑤ ⑥ ⑦ ⑧ ⑨ ⑩
12	① ② ③ ④ ⑤ ⑥ ⑦ ⑧ ⑨ ⑩
13	① ② ③ ④ ⑤ ⑥ ⑦ ⑧ ⑨ ⑩
14	① ② ③ ④ ⑤ ⑥ ⑦ ⑧ ⑨ ⑩
15	① ② ③ ④ ⑤ ⑥ ⑦ ⑧ ⑨ ⑩
16	① ② ③ ④ ⑤ ⑥ ⑦ ⑧ ⑨ ⑩
17	① ② ③ ④ ⑤ ⑥ ⑦ ⑧ ⑨ ⑩
18	① ② ③ ④ ⑤ ⑥ ⑦ ⑧ ⑨ ⑩
19	① ② ③ ④ ⑤ ⑥ ⑦ ⑧ ⑨ ⑩
20	① ② ③ ④ ⑤ ⑥ ⑦ ⑧ ⑨ ⑩

設問2	解答欄
21	① ②
22	① ②
23	① ②
24	① ②
25	① ②
26	① ②
27	① ②
28	① ②
29	① ②
30	① ②

設問3	解　　答　　欄
31	① ② ③ ④ ⑤ ⑥ ⑦ ⑧ ⑨ ⑩
32	① ② ③ ④ ⑤ ⑥ ⑦ ⑧ ⑨ ⑩
33	① ② ③ ④ ⑤ ⑥ ⑦ ⑧ ⑨ ⑩
34	① ② ③ ④ ⑤ ⑥ ⑦ ⑧ ⑨ ⑩
35	① ② ③ ④ ⑤ ⑥ ⑦ ⑧ ⑨ ⑩
36	① ② ③ ④ ⑤ ⑥ ⑦ ⑧ ⑨ ⑩
37	① ② ③ ④ ⑤ ⑥ ⑦ ⑧ ⑨ ⑩
38	① ② ③ ④ ⑤ ⑥ ⑦ ⑧ ⑨ ⑩
39	① ② ③ ④ ⑤ ⑥ ⑦ ⑧ ⑨ ⑩
40	① ② ③ ④ ⑤ ⑥ ⑦ ⑧ ⑨ ⑩

設問4	解　答　欄
41	① ② ③ ④ ⑤
42	① ② ③ ④ ⑤
43	① ② ③ ④ ⑤
44	① ② ③ ④ ⑤
45	① ② ③ ④ ⑤
46	① ② ③ ④ ⑤
47	① ② ③ ④ ⑤
48	① ② ③ ④ ⑤
49	① ② ③ ④ ⑤
50	① ② ③ ④ ⑤

[医学的基礎知識、医療関連知識]

設問1	解　　答　　欄
1	① ② ③ ④ ⑤ ⑥ ⑦ ⑧ ⑨ ⑩
2	① ② ③ ④ ⑤ ⑥ ⑦ ⑧ ⑨ ⑩
3	① ② ③ ④ ⑤ ⑥ ⑦ ⑧ ⑨ ⑩
4	① ② ③ ④ ⑤ ⑥ ⑦ ⑧ ⑨ ⑩
5	① ② ③ ④ ⑤ ⑥ ⑦ ⑧ ⑨ ⑩
6	① ② ③ ④ ⑤ ⑥ ⑦ ⑧ ⑨ ⑩
7	① ② ③ ④ ⑤ ⑥ ⑦ ⑧ ⑨ ⑩
8	① ② ③ ④ ⑤ ⑥ ⑦ ⑧ ⑨ ⑩
9	① ② ③ ④ ⑤ ⑥ ⑦ ⑧ ⑨ ⑩
10	① ② ③ ④ ⑤ ⑥ ⑦ ⑧ ⑨ ⑩

設問2	解　答　欄
11	① ②
12	① ②
13	① ②
14	① ②
15	① ②
16	① ②
17	① ②
18	① ②
19	① ②
20	① ②

設問3. 記述問題

21	22	23	24	25
26	27	28	29	30

設問4	解　　答　　欄
31	① ② ③ ④ ⑤ ⑥ ⑦ ⑧ ⑨ ⑩
32	① ② ③ ④ ⑤ ⑥ ⑦ ⑧ ⑨ ⑩
33	① ② ③ ④ ⑤ ⑥ ⑦ ⑧ ⑨ ⑩
34	① ② ③ ④ ⑤ ⑥ ⑦ ⑧ ⑨ ⑩
35	① ② ③ ④ ⑤ ⑥ ⑦ ⑧ ⑨ ⑩
36	① ② ③ ④ ⑤ ⑥ ⑦ ⑧ ⑨ ⑩
37	① ② ③ ④ ⑤ ⑥ ⑦ ⑧ ⑨ ⑩
38	① ② ③ ④ ⑤ ⑥ ⑦ ⑧ ⑨ ⑩
39	① ② ③ ④ ⑤ ⑥ ⑦ ⑧ ⑨ ⑩
40	① ② ③ ④ ⑤ ⑥ ⑦ ⑧ ⑨ ⑩

設問5	解　答　欄
41	① ② ③ ④ ⑤
42	① ② ③ ④ ⑤
43	① ② ③ ④ ⑤
44	① ② ③ ④ ⑤
45	① ② ③ ④ ⑤
46	① ② ③ ④ ⑤
47	① ② ③ ④ ⑤
48	① ② ③ ④ ⑤
49	① ② ③ ④ ⑤
50	① ② ③ ④ ⑤

第 71 回（ 2023 年 11 月 12 日実施 ）

医療秘書技能検定試験 2級

問題① 「医療秘書実務」〜「医療関連知識」

試験時間　55 分

【医療秘書実務】

1. 次は「アンビバレンス」について述べたものである。（　　）の中に入る最も適切な語句を語群から選び、その番号のマーク欄を塗りつぶしなさい。

　　アンビバレンス心理とは、表に現れた感情や態度と（　1　）なものが同時にその裏に存在することを言う。患者はこういった感情があるということを、他の人に（　2　）して貰えると、（　3　）を得る。

　　受診初期、入院初期の患者に対して、（　4　）（信頼関係）を結ぶことが大切になってくる。アンビバレンス心理のある患者に対しては、特に（　5　）な態度で接することが必要となってくる。

〔語　群〕
① 依存的　　② 受容的　　③ 理解　　④ ラポール　　⑤ 悲壮感
⑥ 安心感　　⑦ 否定　　⑧ 友人関係　　⑨ 同様　　⑩ 正反対

2. 次は、「時候の挨拶」について述べたものである。次の各月ごとの挨拶を読み、正しいものは①の、誤っているものは②のマーク欄を塗りつぶしなさい（①または②のみをマークする機械的な解答は、該当するすべての設問を0点とする）。

　6　　1月　―　新春の候
　7　　4月　―　早春の候
　8　　6月　―　盛夏の候
　9　　9月　―　初秋の候
　10　 12月　―　初冬の候

【医療機関の組織・運営、医療関連法規】

1．次は「病院事務職員の役割・使命」について述べたものである。（　　　）の中に入る最も適切な語句を語群から選び、その番号のマーク欄を塗りつぶしなさい。

　　　事務職員の役割は、（　11　）を援助することおよび医療保険の被保険者（国保は（　12　））の行うべき法定の（　13　）に関する指導および特定の医療費公費負担申請に関して、患者もしくはその家族を援助することである。

　　　その他、病院の経営管理に必要となる（　14　）をその病院組織の（　15　）に提供し、（　16　）または管理者のなすべき法定の（　13　）の書類（　17　）をして、それを法定の役所に（　18　）することである。その社会的使命は、事務職員の立場から（　19　）に（　20　）することである。

〔語　群〕

① 作成　　② 寄与　　③ ライン部門　　④ 諸手続　　⑤ 開設者
⑥ 情報　　⑦ 上層部　　⑧ 加入者全員　　⑨ 提出　　⑩ 公衆衛生の向上及び増進

2．次の文章の（　　　）に入る最も適切な語句を下記の語群から選び、その番号のマーク欄を塗りつぶしなさい（①または②のみをマークする機械的な解答は、該当するすべての設問を 0 点とする）。

　　　保険外併用療養費制度とは、（　21　）や（　22　）などの将来的に保険給付の対象として認めるかどうかについて評価が必要な（　23　）、保険導入を前提としない患者の選定による（　24　）、そして平成 28 年 4 月に創設された患者申出療養に区分される。

　　　現在、（　23　）には（　25　）種類、（　24　）には（　26　）種類が認められているが、（　24　）には、（　27　）や（　28　）などがある。例えば、患者が（　27　）を希望した場合には、入院中の個室代は、医療機関が提示した費用を全額自己負担し、入院中の診療につては保険給付の対象となり、原則 3 割の負担となる。すなわち、保険外併用療養費は（　29　）を一部認めるしくみである。なお、保険外併用療養費の制度を取り扱う医療機関は、院内での掲示や患者の（　30　）を得ること等の取り扱いの注意点を守る必要がある。

〔語　群〕

21	{ ① 先進医療	② 予約診療	}
22	{ ① 治験	② 検査	}
23	{ ① 選定療養	② 評価療養	}
24	{ ① 選定療養	② 評価療養	}
25	{ ① 10	② 15	}
26	{ ① 9	② 16	}
27	{ ① 予約診療	② 特別の療養環境室	}
28	{ ① 予約診療	② 特別の療養環境室	}
29	{ ① 自由診療	② 混合診療	}
30	{ ① 希望	② 同意	}

3．Y医師（臨床研修等修了医師）が病院の勤務医を退職して、個人事業としてA医院を開設した。以下はA医院に関する年表である。（　　）の中に入る最も適切な語句を語群から選び、その番号のマーク欄を塗りつぶしなさい。

○年△月	Y医師は病院の勤務医を退職し、「A医院」を個人事業として開業。公的医療保険は（ 31 ）に加入する。Y医師は（ 32 ）を通じて（ 33 ）に開設届を提出。保険診療を行うため、（ 34 ）に保険医療機関指定申請を行い指定される。
○年□月	A医院が看護師1名、事務職員2名を採用。公的医療保険は、（ 31 ）に加入させる。
□年○月	A医院が医業収入と患者数が増加したため、個人事業から（ 35 ）にすることを決定。（ 33 ）に申請を行い、（ 36 ）を受ける。
□年△月	法務局に登記を行い（ 35 ）の設立完了。代表者として（ 37 ）にY医師が就任。
□年□月	（ 35 ）が設立する医院につき、（ 33 ）に（ 38 ）の申請を行い認められる。医院の院長（法令上は「（ 39 ）」という）としてY医師が就任する。併せて保険医療機関の指定を受ける。また、個人事業としてのA医院の（ 40 ）の手続きを行う。

〔語　群〕
① 医師国保（略称）　② 医療法人　③ 開設許可　④ 管理者　⑤ 地方厚生局長
⑥ 都道府県知事　⑦ 認可　⑧ 廃止　⑨ 保健所長　⑩ 理事長

4．次の文章は「傷病手当金」について述べたものである。（　　）に入る最も適切な語句を語群から選び、その番号のマーク欄を塗りつぶしなさい。

傷病手当金とは、業務外の疾病や負傷により休業中に被保険者その家族の生活を保障するために設けられた制度である。支給の条件は、労務不能により仕事を休んでいること、連続して（ 41 ）日間を超えて労務不能な場合であり（この期間のことを（ 42 ）期間という）、また、（ 43 ）被保険者や（ 44 ）退職被保険者でない者である。

支給額は、その被保険者が労務不能な日（ 45 ）日につき、傷病手当金の支給を始める日の属する月以前の（ 46 ）の継続した（ 47 ）月間の各月の標準報酬月額を平均した額の30分の（ 45 ）に相当する額の3分の（ 48 ）である。

支給期間については、その支給開始の日から起算して（ 45 ）年（ 49 ）か月間で、その期間に勤務するようになった場合や、（ 50 ）年金保険の障害年金または障害手当金を受けられるようになれば傷病手当金はその時点で打ち切られる。

〔語　群〕 41 ～ 45
① 1　② 3　③ 任意継続　④ 待期　⑤ 特例
46 ～ 50
① 2　② 6　③ 12　④ 直近　⑤ 厚生

【医学的基礎知識・医療関連知識】

1. 次の文章の（　　　）の中に入る最も適切な語句を下記の語群から選び、その記号のマーク欄を塗りつぶしなさい。

　　脳血管疾患（脳卒中）には、血管の閉塞による（ 1 ）、脳内血管破綻による（ 2 ）およびクモ膜と軟膜の間にある血管が破綻する（ 3 ）がある。

　　（ 1 ）には、脳動脈硬化によって徐々に発症する（ 4 ）と心臓弁膜症などで生じた血栓が脳動脈に詰まる（ 5 ）がある。（ 4 ）では前駆症状として（ 6 ）がみられることがある。
（ 2 ）は、高血圧にともなう動脈硬化がもっとも高い危険因子となる。
（ 3 ）の原因として（ 7 ）の破裂、外傷性出血、脳腫瘍などがあり、症状は突然の激しい（ 8 ）、悪心・嘔吐などである。

　　脳血管疾患（脳卒中）の症状としてみられる失語症には、相手の言っていることは分かるがうまく返事ができない（ 9 ）失語症と相手が何を言っているのか分からなくて誤った返事をする（ 10 ）失語症がある。

〔語　群〕

① クモ膜下出血　② ブローカ（運動性）　③ 頭痛

④ ウェルニッケ（感覚性）　⑤ 脳動脈瘤　⑥ 一過性脳虚血発作

⑦ 脳出血　⑧ 脳塞栓症　⑨ 脳梗塞　⑩ 脳血栓症

2. 次の文章を読み、正しいものは①の、誤っているものは②のマーク欄を塗りつぶしなさい。

11 悪性貧血は骨髄の機能不全のため全ての血球が減少する。

12 成人T細胞白血病はウイルス感染が原因となって発症する。

13 接触性皮膚炎などの遅延型アレルギーはⅠ型アレルギーに分類される。

14 十二指腸潰瘍は空腹時の心窩部痛が特徴である。

15 気管支炎は上気道の疾患である。

16 二次性高血圧症は、原因疾患の治療により血圧を正常範囲に戻せる可能性がある。

17 B型肝炎は輸血や性交により感染する。

18 心筋梗塞の胸痛発作は、ニトログリセリンの舌下によりほぼ消失する。

19 心房と心室の間には房室弁があり、左のものを三尖弁という。

20 開放骨折は受傷部の感染の可能性が高いので、緊急手術が必要である。

3．次のひらがなは漢字に、英語は日本語に直しなさい。

21 もうまくはくり：視機能が低下し、失明の原因となる

22 しげきでんどうけい：心臓全体の収縮を一定の様式で行うためのシステム

23 とくはつせいけっしょうばんげんしょうせいしはんびょう：原因不明の血液疾患

24 きゅうせいじんふぜん：急激に腎機能が低下した状態

25 ねんざ：無理な外力が加わり、関節支持組織に損傷を引き起こした状態

26 gastric polyp：胃の粘膜の盛り上がった状態、多くは良性

27 pneumothorax：外傷や肺胞が破れて、ガス交換ができない状態

28 chronic thyroiditis：橋本病として知られている

29 diabetes mellitus：インスリンの不足または作用低下で発症する

30 hemophilia：生まれつき凝固因子が不足または欠損しているため出血がとまりにくくなる病気

4．次のA群の略語に関連する語句をB群から選び、その番号のマーク欄を塗りつぶしなさい。

	A群		B群
31	PDA	①	既往歴
32	PSA	②	基礎体温
33	IBD	③	動脈管開存症
34	IHD	④	虚血性心疾患
35	HLA	⑤	在宅酸素療法
36	BBT	⑥	炎症性腸疾患
37	MRA	⑦	前立腺特異抗原
38	ALL	⑧	ヒト白血球抗原
39	PH	⑨	磁気共鳴血管造影
40	HOT	⑩	急性リンパ性白血病

5．次の文章を読み、正しい組み合わせを選び、その番号のマーク欄を塗りつぶしなさい。

41 黄疸を起こす疾患はどれか。

a．溶血性貧血　　b．鉄欠乏性貧血　　c．膀胱炎　　d．肝炎

① a，b　　② a，c　　③ a，d　　④ b，d　　⑤ a〜dの全て

42 糖尿病の合併症として認められている病態はどれか。

a．網膜症　　b．腎症　　c．神経障害　　d．動脈硬化

① a，b，c　　② a，b，d　　③ b，c，d　　④ a，c，d　　⑤ a〜d全て

43 虚血性心疾患はどれか。

a．狭心症　　b．心膜炎　　c．心筋症　　d．心筋梗塞

① a，b　　② a，c　　③ a，d　　④ b，c　　⑤ c，d

44 視覚野があるのはどれか。

a．前頭葉　　b．側頭葉　　c．後頭葉　　d．頭頂葉

① a　　② b　　③ c　　④ b，c　　⑤ c，d

45 ウイルスによる感染症はどれか。

a．麻疹　　b．結核　　c．風疹　　d．水痘

① a，b，c　　② a，b，d　　③ b，c，d　　④ a，c，d　　⑤ a〜d全て

46 パーキンソン病の症状はどれか。

a．振戦　　b．固縮　　c．多動　　d．仮面様顔貌

① a，b，c　　② a，c，d　　③ b，c，d　　④ a，b，d

⑤ a〜dの全て

47 血液凝固因子はどれか。

a．アルブミン　　b．トロンビン　　c．ヘモグロビン　　d．フィブリノゲン

① a，b　　② a，c　　③ a，d　　④ b，d　　⑤ a〜d全て

48 外分泌線はどれか。

a．耳下腺　　b．胃腺　　c．副甲状腺　　d．脳下垂体

① a，b　　② a，c　　③ a，d　　④ b，d　　⑤ a〜d全て

49 関節リウマチについて正しいものはどれか。

a．中年男性に多い　　b．自己免疫疾患　　c．関節変形　　d．滑膜炎症

① a，b，c　　② a，b，d　　③ b，c，d　　④ a，c，d　　⑤ a〜d全て

50 交感神経が優位に働いたときの反応はどれか。

a．心拍数増加　　b．涙腺分泌促進　　c．膵液分泌促進　　d．気管支拡張

① a，b　　② a，c　　③ a，d　　④ b，d　　⑤ a〜dの全て

第71回

2 級 医療秘書技能検定試験問題①答案用紙

学校名 (出身校)		在学(　)年生 既卒

フリガナ		
受験者氏名	(姓)	(名)

受 験 番 号
（最後に番号とマークをもう一度確認すること）

番号を記入しマークしてください。

① ① ① ① ① ① ①
② ② ② ② ② ② ②
③ ③ ③ ③ ③ ③ ③
④ ④ ④ ④ ④ ④ ④
⑤ ⑤ ⑤ ⑤ ⑤ ⑤ ⑤
⑥ ⑥ ⑥ ⑥ ⑥ ⑥ ⑥
⑦ ⑦ ⑦ ⑦ ⑦ ⑦ ⑦
⑧ ⑧ ⑧ ⑧ ⑧ ⑧ ⑧
⑨ ⑨ ⑨ ⑨ ⑨ ⑨ ⑨
⓪ ⓪ ⓪ ⓪ ⓪ ⓪ ⓪

級 区 分	
1級	①
準1級	⑴
2級	●
3級	③

答案種類	
問題①	●
問題②	②

職　業	
医療機関勤務	①
学　　　生	②
会　社　員	③
主　　　婦	④
そ　の　他	⑤

[医療秘書実務]

設 問 1	解　答　欄
1	① ② ③ ④ ⑤ ⑥ ⑦ ⑧ ⑨ ⑩
2	① ② ③ ④ ⑤ ⑥ ⑦ ⑧ ⑨ ⑩
3	① ② ③ ④ ⑤ ⑥ ⑦ ⑧ ⑨ ⑩
4	① ② ③ ④ ⑤ ⑥ ⑦ ⑧ ⑨ ⑩
5	① ② ③ ④ ⑤ ⑥ ⑦ ⑧ ⑨ ⑩

設 問 2	解 答 欄
6	① ②
7	① ②
8	① ②
9	① ②
10	① ②

[医療機関の組織・運営、医療関連法規]

設 問 1	解　答　欄
11	① ② ③ ④ ⑤ ⑥ ⑦ ⑧ ⑨ ⑩
12	① ② ③ ④ ⑤ ⑥ ⑦ ⑧ ⑨ ⑩
13	① ② ③ ④ ⑤ ⑥ ⑦ ⑧ ⑨ ⑩
14	① ② ③ ④ ⑤ ⑥ ⑦ ⑧ ⑨ ⑩
15	① ② ③ ④ ⑤ ⑥ ⑦ ⑧ ⑨ ⑩
16	① ② ③ ④ ⑤ ⑥ ⑦ ⑧ ⑨ ⑩
17	① ② ③ ④ ⑤ ⑥ ⑦ ⑧ ⑨ ⑩
18	① ② ③ ④ ⑤ ⑥ ⑦ ⑧ ⑨ ⑩
19	① ② ③ ④ ⑤ ⑥ ⑦ ⑧ ⑨ ⑩
20	① ② ③ ④ ⑤ ⑥ ⑦ ⑧ ⑨ ⑩

設 問 2	解 答 欄
21	① ②
22	① ②
23	① ②
24	① ②
25	① ②
26	① ②
27	① ②
28	① ②
29	① ②
30	① ②

設問3	解　答　欄
31	① ② ③ ④ ⑤ ⑥ ⑦ ⑧ ⑨ ⑩
32	① ② ③ ④ ⑤ ⑥ ⑦ ⑧ ⑨ ⑩
33	① ② ③ ④ ⑤ ⑥ ⑦ ⑧ ⑨ ⑩
34	① ② ③ ④ ⑤ ⑥ ⑦ ⑧ ⑨ ⑩
35	① ② ③ ④ ⑤ ⑥ ⑦ ⑧ ⑨ ⑩
36	① ② ③ ④ ⑤ ⑥ ⑦ ⑧ ⑨ ⑩
37	① ② ③ ④ ⑤ ⑥ ⑦ ⑧ ⑨ ⑩
38	① ② ③ ④ ⑤ ⑥ ⑦ ⑧ ⑨ ⑩
39	① ② ③ ④ ⑤ ⑥ ⑦ ⑧ ⑨ ⑩
40	① ② ③ ④ ⑤ ⑥ ⑦ ⑧ ⑨ ⑩

設問4	解　答　欄
41	① ② ③ ④ ⑤
42	① ② ③ ④ ⑤
43	① ② ③ ④ ⑤
44	① ② ③ ④ ⑤
45	① ② ③ ④ ⑤
46	① ② ③ ④ ⑤
47	① ② ③ ④ ⑤
48	① ② ③ ④ ⑤
49	① ② ③ ④ ⑤
50	① ② ③ ④ ⑤

[医学的基礎知識、医療関連知識]

設問1	解　答　欄
1	① ② ③ ④ ⑤ ⑥ ⑦ ⑧ ⑨ ⑩
2	① ② ③ ④ ⑤ ⑥ ⑦ ⑧ ⑨ ⑩
3	① ② ③ ④ ⑤ ⑥ ⑦ ⑧ ⑨ ⑩
4	① ② ③ ④ ⑤ ⑥ ⑦ ⑧ ⑨ ⑩
5	① ② ③ ④ ⑤ ⑥ ⑦ ⑧ ⑨ ⑩
6	① ② ③ ④ ⑤ ⑥ ⑦ ⑧ ⑨ ⑩
7	① ② ③ ④ ⑤ ⑥ ⑦ ⑧ ⑨ ⑩
8	① ② ③ ④ ⑤ ⑥ ⑦ ⑧ ⑨ ⑩
9	① ② ③ ④ ⑤ ⑥ ⑦ ⑧ ⑨ ⑩
10	① ② ③ ④ ⑤ ⑥ ⑦ ⑧ ⑨ ⑩

設問2	解　答　欄
11	① ②
12	① ②
13	① ②
14	① ②
15	① ②
16	① ②
17	① ②
18	① ②
19	① ②
20	① ②

設問3. 記述問題

21	22	23	24	25
26	27	28	29	30

設問4	解　答　欄
31	① ② ③ ④ ⑤ ⑥ ⑦ ⑧ ⑨ ⑩
32	① ② ③ ④ ⑤ ⑥ ⑦ ⑧ ⑨ ⑩
33	① ② ③ ④ ⑤ ⑥ ⑦ ⑧ ⑨ ⑩
34	① ② ③ ④ ⑤ ⑥ ⑦ ⑧ ⑨ ⑩
35	① ② ③ ④ ⑤ ⑥ ⑦ ⑧ ⑨ ⑩
36	① ② ③ ④ ⑤ ⑥ ⑦ ⑧ ⑨ ⑩
37	① ② ③ ④ ⑤ ⑥ ⑦ ⑧ ⑨ ⑩
38	① ② ③ ④ ⑤ ⑥ ⑦ ⑧ ⑨ ⑩
39	① ② ③ ④ ⑤ ⑥ ⑦ ⑧ ⑨ ⑩
40	① ② ③ ④ ⑤ ⑥ ⑦ ⑧ ⑨ ⑩

設問5	解　答　欄
41	① ② ③ ④ ⑤
42	① ② ③ ④ ⑤
43	① ② ③ ④ ⑤
44	① ② ③ ④ ⑤
45	① ② ③ ④ ⑤
46	① ② ③ ④ ⑤
47	① ② ③ ④ ⑤
48	① ② ③ ④ ⑤
49	① ② ③ ④ ⑤
50	① ② ③ ④ ⑤

MEMO

本試験問題
解答・解説

第67回問題 解答・解説

【医療秘書実務】

設問1	解 答 欄
1	① ● ③ ④ ⑤ ⑥ ⑦ ⑧ ⑨ ⑩
2	① ② ③ ④ ⑤ ● ⑦ ⑧ ⑨ ⑩
3	① ② ③ ④ ● ⑥ ⑦ ⑧ ⑨ ⑩
4	① ② ③ ④ ⑤ ⑥ ● ⑧ ⑨ ⑩
5	① ② ③ ④ ⑤ ⑥ ⑦ ⑧ ⑨ ●

設問1
＜解説＞

　指示の受け方と報告の仕方の設問である。医療現場では、ミスやクレームの報告を怠ると、患者の安全にかかわるような大きな事故につながる恐れがあり、自分自身では小さなことに思えることでも、侮ってはいけない。部署内でその情報を共有化し、改善策を検討する必要がある。また、長期に渡る業務は、一区切りごとに経過を報告しなければならない。

設問2	解 答 欄
6	① ●
7	● ②
8	① ●
9	● ②
10	● ②

設問2
＜解説＞

6　×：相手に早く届けたい場合は「速達」で送る。郵便物表面に赤字で書き、追加郵送料を支払う（切手を貼付する）ことにより、早く送付できる。

7　○

8　×：「秘」扱いの文書を送付する際は、二重封筒の内側の封筒に「秘」印を押す。誰が見ても極秘文書であると封筒で判断できてしまうのは問題である。

9　○

10　○

【医療機関の組織・運営、医療関連法規】

設問1	解　　答　　欄									
11	①	②	③	④	⑤	⑥	⑦	⑧	●	⑩
12	①	②	③	●	⑤	⑥	⑦	⑧	⑨	⑩
13	①	②	③	④	⑤	⑥	●	⑧	⑨	⑩
14	①	●	③	④	⑤	⑥	⑦	⑧	⑨	⑩
15	●	②	③	④	⑤	⑥	⑦	⑧	⑨	⑩
16	①	②	③	④	⑤	⑥	⑦	⑧	⑨	●
17	①	②	③	④	●	⑥	⑦	⑧	⑨	⑩
18	①	②	●	④	⑤	⑥	⑦	⑧	⑨	⑩
19	①	②	③	④	⑤	⑥	⑦	●	⑨	⑩
20	①	②	③	④	⑤	●	⑦	⑧	⑨	⑩

設問1

<解説>

　医療人を志す以上は医学・医療史から目を背けてはならない。ここでは 10 名の医学・医療の発展に貢献した人物を設問としたが、A 群の人物と B 群の業績を組み合わせ、理解に努めること。下記に覚えてほしい事柄を簡単に記す。

・杉田玄白（すぎたげんぱく）は、オランダの解剖学の本を日本語に翻訳した『解体新書』を出版したことで知られている（人体解剖自体は杉田が 20 歳の頃に山脇東洋（やまわきとうよう）という医師が日本で初めて行なった）。杉田はエレキテルの実験でも知られる平賀源内（ひらがげんない）と出会い、オランダの書物に興味を持ち、同じく興味を持っていた医師の前野良沢（まえのりょうたく）と、後輩の中川淳庵（なかがわじゅんあん）と共に翻訳作業を行った。そして平賀の油絵の弟子である小田野直武（おだのなおたけ）に解剖図を描いてもらい、出版にこぎつけた。

・野口英世（のぐちひでよ）は生来の才能と並外れた努力により当時世界最高レベルの米国ロックフェラー研究所所員のポストを得、梅毒スピロヘータの発見など微生物学における数々の新発見を成し遂げ名声を得た。そして黄熱の研究の期待を担ってエクアドルのグアヤキルに赴いた。野口が病原体検出に用いた材料は現地の医師から黄熱患者の検体として提供されたが、実はワイル病患者であった。黄熱とワイル病は症状が類似するため、現地の医師が鑑別することは困難だったにもかかわらず、その医師の臨床診断を信じてしまった。

　野口がその患者の検体から黄熱の病原体としてレプトスピラ・イクテロイデス（細菌）を発見したのはエクアドルについてわずか 9 日目のことであった。しかし、彼が西アフリカに到着した頃には、現地の黄熱流行はほぼ沈静化していた。ガーナのアクラ近郊でようやく患者を発見し、その患者の血液などを用いたサル感染実験を始めた。野口が自分の細菌説を確信する根拠を得たかどうかは定かではないが、アクラを出発し帰国の途につく日程も決まっていたが、1927 年 5 月 11 日に高熱を発し、翌 12 日に入院し黄熱の診断が下され、5 月 21 日に 51 歳で人生の幕を閉じた。

・華岡青洲（はなおかせいしゅう）は、世界で初めて全身麻酔下による手術（乳がん）を行い、見事に成功させた。この成功を受けて華岡の名は日本中に知れ渡ることとなり、全国から乳がん患者が集まり、紀州平山で華岡が手術した乳がん患者の数は 152 名におよぶ。

・J.L.C.Pompe van Meerdervoort（ポンペ・ファン・メールデルフォールト）は、1857 年、日本の軍医派遣要請に応じて、第二次海軍伝習指揮官カッテンディーケに選ばれた。28 才の軍医ポンペが医学校を開設するべく長崎港へと来日し、1857 年 11 月 12 日、松本良順（まつもとりょうじゅん）とその弟子達 12 名に最初の講義を行なった。また 14,530 人もの患者を 5 年間に治療し、外国人に

よるコレラや梅毒の上陸を阻止するための努力により、長崎の町の人々はポンペに次第に信頼と尊敬を寄せるようになった。ポンペの熱望していた西洋式の病院の建設もこのようなポンペの誠実さが知れ渡り実現した。1861年9月20日(文久元年8月16日)養生所が長崎港を見おろす小島郷の丘に完成したのである。養生所は医学校(医学所)に付置された日本で最初の124床の西洋式近代病院である。ポンペは多くの日本人医学生に対して養生所で系統的な講義を行い、患者のベッドサイドで医のアートを教えた。その教え子達によって本国に西洋医学が定着したので、近代西洋医学教育の父と称されている

設問2	解　答　欄	
21	①	●
22	●	②
23	①	●
24	①	●
25	●	②
26	●	②
27	●	②
28	①	●
29	①	●
30	①	●

設問2
<解説>

21　×：公的医療機関とは、次の者が開設する病院および診療所とされている。
　　　都道府県、市町村、地方公共団体の組合、国民健康保険団体連合会および国民健康保険組合、日本赤十字社、社会福祉法人恩賜財団済生会、厚生農業協同組合連合会、社会福祉法人北海道社会事業協会（医療法第31条）。

22　○　23　×
　　　診療に従事する医師は、診察治療の求があった場合には、正当な事由がなければ、これを拒んではならない（医師法第19条）。
　　　医師は医師法により法的義務が規定されており、そのうちのひとつが医師法第19条で規定されている「応招義務」である。ここでいう正当な事由とは、
　　　・医師本人が病気等
　　　・医師本人が手術中等で手が離せない
　　　・他の病院で宿直中であり、往診できない　等
　　　このように事実上診療が不可能なケースに限られる。診療費の未払いや被保険者証の不所持などは診療を怠る事由とはならない。

24　×：介護老人保健施設は病院ではなく、介護を必要とする高齢者に対して介護サービスやリハビリテーションなどを提供し、自宅復帰への支援を行う施設であり、いわば病院と特別養護老人ホームの中間に位置する施設であるといえる。

25　○

26　○

27　○：病院の開設には都道府県知事の許可が必要であり（医療法第7条）、診療所（無床）は開設後10日以内に都道府県知事に届け出なければならない（医療法第8条）。

しかし、この手続きだけでは診療はできても保険診療はできない。保険診療をするためには保険医療機関として厚生労働大臣の指定を受けなければならない（健康保険法第65条）。

28　×：船員保険の運営母体である保険者は、2009年から全国健康保険協会である（船員保険法第4条）。

29　×：臨床研修等修了医師、臨床研修等修了歯科医師または助産師が診療所または助産所を開設したときは、開設後10日以内に、診療所または助産所の所在地の都道府県知事に届け出なければならない（医療法第8条）。許可は必要ではなく、届出制である。

30　×：何人も、医業もしくは歯科医業または病院もしくは診療所に関して、文書その他いかなる方法によるかを問わず、広告その他の医療を受ける者を誘引するための手段としての表示をする場合には、虚偽の広告をしてはならない。

前項に規定する場合には、医療を受ける者による医療に関する適切な選択を阻害することがないよう、広告の内容および方法が、次に掲げる基準に適合するものでなければならない。

1）他の病院または診療所と比較して優良である旨の広告をしないこと。

2）誇大な広告をしないこと。

3）公の秩序または善良の風俗に反する内容の広告をしないこと。

4）その他医療に関する適切な選択に関し必要な基準として厚生労働省令で定める基準。

（医療法第6条の5）

この条文からも解るように、医療機関の広告には規制があり、自由に行うことは許されない。

設問3	解　　答　　欄									
31	●	②	③	④	⑤	⑥	⑦	⑧	⑨	⑩
32	①	②	③	④	⑤	⑥	⑦	⑧	⑨	●
33	①	②	③	④	●	⑥	⑦	⑧	⑨	⑩
34	①	②	③	④	⑤	⑥	⑦	⑧	●	⑩
35	①	②	●	④	⑤	⑥	⑦	⑧	⑨	⑩
36	①	②	③	④	⑤	⑥	●	⑧	⑨	⑩
37	①	②	●	④	⑤	⑥	⑦	⑧	⑨	⑩
38	①	②	③	④	⑤	●	⑦	⑧	⑨	⑩
39	①	●	③	④	⑤	⑥	⑦	⑧	⑨	⑩
40	①	②	③	④	⑤	⑥	⑦	●	⑨	⑩

設問3
＜解説＞

「退職後の医療保険加入について」の設問である。設問にあるように、4通りの方法がある。

1）国民健康保険（市町村国保）に加入～居住地の役場にある国民健康保険課において退職後2週間以内に加入手続きを行う。

2）任意継続被保険者の手続きをする～資格喪失日の前日まで2か月以上、被保険者であった者は、退職後20日以内に在職時に加入していた保険者にて手続きを行えば、被保険者資格を最長2年間継続できる。保険料は在職中のような事業主負担はなくなるため、在職中に給与等から控除されていた保険料の約2倍（上限あり）を毎月遅延することなく納付しなければならない（健康保険法第37条）。

3）健康保険等の被扶養者となる～設問にあるように、家族が健康保険等の被保険者である場合は、その医療保険の被扶養者になることができる。

4）特例退職被保険者に加入する～定年などで退職して厚生年金等を受けている人が、後期高齢者医療制度に加入するまでの間、在職中の被保険者と同程度の保険給付並びに健診等の保健事業を受けることができる制度である。一定の在職年数と老齢厚生年金の受給権のあることなどが条件となっている。ただし、全国の健康保険組合の中で、この制度のある組合は5％に満たない。協会けんぽにはこの制度はない。

　　1）および2）は高額な保険料が発生する。4）は加入当初は保険料が国保よりも安く済むことが多い。3）は新たな保険料は発生しないが、働いている家族がいなければ不可能である。退職後の医療保険は、定年の場合も自ら離職する場合も、保険料と給付のバランスを考えて決めることが大切である。

設問4	解　答　欄				
41	①	②	③	●	⑤
42	●	②	③	④	⑤
43	●	②	③	④	⑤
44	①	②	③	●	⑤
45	①	②	●	④	⑤
46	①	②	③	④	●
47	①	②	●	④	⑤
48	①	●	③	④	⑤
49	①	②	③	④	●
50	①	●	③	④	⑤

設問4
<解説>

41 「医療提供の理念」は医療法第1条の2において規定されている。
　　医療は、生命の尊重と個人の尊厳の保持を旨とし、医師、歯科医師、薬剤師、看護師その他の医療の担い手と医療を受ける者との信頼関係に基づき、及び医療を受ける者の心身の状況に応じて行われるとともに、その内容は、単に治療のみならず、疾病の予防のための措置及びリハビリテーションを含む良質かつ適切なものでなければならない。
　　2　医療は、国民自らの健康の保持増進のための努力を基礎として、医療を受ける者の意向を十分に尊重し、病院、診療所、介護老人保健施設、介護医療院、調剤を実施する薬局その他の医療を提供する施設（以下「医療提供施設」という）、医療を受ける者の居宅等（居宅その他厚生労働省令で定める場所をいう。以下同じ）において、医療提供施設の機能に応じ効率的に、かつ、福祉サービスその他の関連するサービスとの有機的な連携を図りつつ提供されなければならない。
　　※予防→治療→リハビリテーション（社会復帰）まで含む一貫した医療を「包括医療」という。
42 精神病床・感染症病床・結核病床・療養病床・一般病床の5つが医療法にて規定されている（医療法第7条2）。回復期リハビリテーション病床等は、特定入院料として診療報酬上での分類である。
43 プライマリケア（Primary care）とは、初期医療のことを指す。発熱・頭痛等の症状で最初に医療機関を受診する際には、それを担う診療所への受診が推奨されている。その後、専門的治療等が必要である等と診断された場合は、それを担う専門病院等へ紹介されることになる。
44 病院の病室及び診療所の療養病床に係る病室の床面積は、内法による測定で、患者1人につき

6

6.4m² 以上とすること（医療法施行規則第 16 条）。

なお、この場合の床面積は壁の内側を図る内法による測定を基準とする。

45 この 3 つの部署しか持たない事務部では、総務課が人事・労務管理を担うこととなる。①および②は経理課、④および⑤は医事課の業務である。

46 医師事務作業補助者の業務としては、
・医師の指示に基づく診断書作成補助
・診療録の代行入力
・医療の質の向上に資する事務作業（診療に関するデータ整理、院内がん登録等の統計・調査、医師等の教育や研修・カンファレンスのための準備作業等）
以上が点数表の A207-2　医師事務作業補助体制加算（入院初日）の通則に記されている、経営資料作成は医師事務作業補助者の業務とはならない。

47 医療ソーシャルワーカー（MSW）に明確な資格条件はない。しかし、医療保険制度や社会福祉制度を熟知していなければとても務まらない職種であり、そのための教育を受けた社会福祉士がやはり相応しいといえる。

48 ロア・マネジメント（lower management）とは現場管理層を意味し、具体的職位をしては係長・主任等を指す。
なお、課長・部長等の中間管理層はミドルマネジメント（middle management）であり、理事長・院長等の経営者層はトップマネジメント（top management）である。

49 部下に権限を委譲することによりa・b・cすべての効果が得られる。上司は部下を管理することが主たる業務であり、日常反復される業務は部下に権限を委譲するべきであるといえる。

50 「救急医療の提供」は地域医療支援病院の承認要件であり、特定機能病院の承認要件とはなっていない。

【医学的基礎知識、医療関連知識】

設問1	解 答 欄									
1	①	●	③	④	⑤	⑥	⑦	⑧	⑨	⑩
2	①	②	③	④	⑤	●	⑦	⑧	⑨	⑩
3	①	②	●	④	⑤	⑥	⑦	⑧	⑨	⑩
4	●	②	③	④	⑤	⑥	⑦	⑧	⑨	⑩
5	①	②	③	●	⑤	⑥	⑦	⑧	⑨	⑩
6	①	②	③	④	●	⑥	⑦	⑧	⑨	⑩
7	①	②	③	④	⑤	⑥	⑦	⑧	●	⑩
8	①	②	③	④	⑤	⑥	●	⑧	⑨	⑩
9	①	②	③	④	⑤	⑥	⑦	⑧	⑨	●
10	①	②	③	④	⑤	⑥	●	⑧	⑨	⑩

設問 1
<解説>

　肝臓と肝疾患に関わる大変基本的な問題である。医療秘書を目指す諸君は、出来ればこの位のレベルの医療知識を習得しておくと、患者さんに概略を説明できるので患者対応（接客）の向上に繋がるし、患者も病院に対して信頼を置くようになるであろう。

　肝臓は腹腔内最大の臓器であり、成人の肝臓重量は 1～1.2kg に及ぶ。主な機能は、①合成、②貯蔵、③分泌、④代謝（解毒）の 4 種類である。どれか一つでも機能不全に陥ると、生命維持が出来な

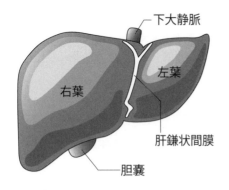

日本消化器外科学会 Web サイトから　2022 年 1 月

くなる重要な臓器である。

　解剖学的には、下図に示すように左葉、右葉の 2 枚の葉っぱのような構造を持ち、下部から出た肝管を経て胆嚢につながる。

　すでに講義で理解されていると思うが、食物の三大栄養タンパク質・糖質・脂質は小腸（十二指腸）でタンパク質由来のアミノ酸、糖質由来のブドウ糖、脂質由来の脂肪酸にまで消化される。このアミノ酸・ブドウ糖・脂肪酸の三大栄養素は小腸（空腸・回腸）で吸収され、門脈を経由して肝臓に運ばれる。吸収されたアミノ酸は、ヒトを構成する代表的タンパク質アルブミンやグロブリンの合成原料となる。また、ブドウ糖はグリコーゲンに、脂肪酸は胆汁や中性脂肪をはじめとする脂質に合成される（①合成）。これら合成された成分は一旦肝臓に蓄えられ（②貯蔵）、必要に応じて血液中に放出される（③分泌）。

　中でも胆汁は胆嚢に貯蔵されていることから、胆嚢で胆汁が合成されていると勘違いしやすい。肝臓で合成された胆汁が胆嚢に移動（分泌）されて、胆嚢で濃縮されると理解しよう。あくまで肝臓が主役である。

　肝臓の機能として、もう一つ重要な機能に④代謝（解毒）が挙げられる。食物の摂取の際に、身体に不要な異物や毒物が混入されることも多い。同時に疾病の治療に用いた医薬品も本来は身体にとっては不要な物質であるから異物（毒物）でもある。さらに身体が生命活動を営む際に排出される老廃物は身体にとっては有害であることから、これら身体にとっての異物はすべて無害な成分に変換して体外に排泄させなければならない。肝臓は、これらの体内に存在する異物（毒物）を無害な代謝物に変換して、水に溶けるようにして血液→腎臓→尿として排泄させたり、水に溶けにくいものは胆汁→十二指腸→便として排泄している。この解毒機能が侵害されると、肝不全という病態になって、体内に蓄積された有害物質が身体の恒常性を破綻させて死に至る。

　肝機能障害の代表的疾患に肝炎が挙げられる。大半が肝炎ウィルス、代表的には A 型肝炎ウィルス (HAV)、B 型肝炎ウィルス (HBV)、C 型肝炎ウィルス (HCV) の感染に由来する病態で A 型肝炎 (HA)、B 型肝炎 (HB)、C 型肝炎 (HC) の 3 種類覚えておけば良い。どの肝炎も初期症状は感冒様症状で微熱に始まり、倦怠感などを主訴とする。黄疸が出て初めて気がつく場合もある。肝機能検査によって AST/ALT、γ-GTP をはじめとする一連の肝機能の指標が異常値を示すことで診断されるとともに、ウィルス検査を行うことで感染性か非感染性の肝炎かを鑑別できる。

　HA は、現在も開発途上国で上下水道が完備されていない地域で、生水を飲水したり、魚介類の生食によって経口感染するが予後は良好であり、慢性化することは稀である。その昔の 1 ドル 360 円の時代の日本では、商社マンや国際線のキャビンアテンダントなどが、アジア方面での業務の際に感染してしまうケースが多かった。現在では、予防接種で感染を予防できるのであまり心配する必要はない。

　HB、HC は日本では社会問題化している。その昔予防接種が集団で行われていた際に、注射器や注射針の使い回しという極めて不衛生な医療が日常的に行われ、このことが原因で一気に HB,HC が蔓延した。また、一昔前の輸血用血液に感染血液が混入していることで、輸血を必要とする手術や外傷の際に感染するという悲劇的な事態も引き起こされている。時々テレビで見る、『B 型肝炎・C 型肝炎の患者さんは国家賠償請求できますよ』のコマーシャルは、出産時の大量出血に伴う輸血感染、集団予防接種に伴う感染などの薬害を国が補償しますということである。

　　HB も HC もこれで分かるように、血液や体液を介す感染である。医療従事者は針刺し事故などで、感染する場合も多く常にリスクに晒されていると言って良い。したがって、医療機関に入職すると、まず B 型肝炎予防接種が全員に実施される。残念ながら HC に対するワクチンは開発されていないので、常に注意は必要である。

　　HB は、慢性化するリスクは少ないが感染早期に致死率の極めて高い劇症肝炎という重症の急性肝炎に陥ることがあるので注意が必要である。

　　一方 HC は、劇症化は稀であるが、高率に慢性肝炎に移行し肝硬変、その後肝癌へ進展するためリスクが大きい感染症である。

　　アンダーラインの部分をしっかり自分なりにまとめて、理解しておこう。

設問2	解　答　欄	
11	①	●
12	●	②
13	①	●
14	●	②
15	●	②
16	①	●
17	●	②
18	●	②
19	①	●
20	①	●

設問 2
＜解説＞

11　×：2 型 DM は、食事療法・運動療法の次に薬物治療へと移行する。1 型 DM は、インスリンが作れない病態なので、インスリン療法が第一選択される。

12　○：先の設問 1 を参照のこと。

13　×：逆である。本態性高血圧症、脂質異常症、糖尿病などは未治療で心血管系疾患と脳血管系疾患のリスクは格段に高まる。

14　○：循環不全が起こるため、腎血流が低下して尿生成が出来なくなって尿量が低下し、余剰な水分が体内に蓄積されて浮腫を引き起こす。

15　○：先の設問 1 を参照のこと。

16　×：良性腫瘍である。

17　○

18　○

19　×：副腎髄質疾患である。（交感神経にも発生することがある）

20　×：典型的な I 型アレルギーである。花粉症は、花粉を原因とするアレルギー疾患で鼻炎、結膜炎、咽頭炎症状を示す病態の総称である。

設問 3　記述問題

21 悪液質	22 鎮咳薬	23 後天性免疫	24 外反母趾	25 腫瘍
26 （冠状動脈造影検査） 冠動脈造影	27 痛風	28 黄疸	29 心筋梗塞	30 骨粗鬆症

設問 3
＜解説＞

21　悪液質：Cachexia も覚えておこう。

22　鎮咳薬：俗にいう咳止めである。

23　後天性免疫：生まれてから、身体が異物に接したときに獲得する免疫のこと。

24　外反母趾：足の母指（親指・母趾）の先が人差し指（第 2 趾）のほうに「くの字」に曲がった状態。

25　腫瘍：良性腫瘍、悪性腫瘍の二つがある。Tumor という英語も覚えておこう。

26　冠血管（冠動脈）造影：心臓の冠動脈の血流を確認する検査（冠動脈の狭窄・閉塞を調べる）。

27　痛風：問題の解説の通り。

28　黄疸：肝機能不全（肝機能障害）によって引き起こされる。

29　心筋梗塞：狭心症が増悪して、冠血管が閉塞し心筋が壊死した病態。

30　骨粗鬆症：この漢字は難しいかもしれない。閉経後の女性が高率で罹患する。

設問 4	解 答 欄									
31	①	②	③	④	⑤	●	⑦	⑧	⑨	⑩
32	①	②	③	④	⑤	⑥	⑦	⑧	●	⑩
33	●	②	③	④	⑤	⑥	⑦	⑧	⑨	⑩
34	①	②	●	④	⑤	⑥	⑦	⑧	⑨	⑩
35	①	②	③	④	⑤	⑥	⑦	⑧	⑨	●
36	①	②	③	④	⑤	⑥	⑦	●	⑨	⑩
37	①	●	③	④	⑤	⑥	⑦	⑧	⑨	⑩
38	①	②	③	●	⑤	⑥	⑦	⑧	⑨	⑩
39	①	②	③	④	⑤	●	⑦	⑧	⑨	⑩
40	①	②	③	④	●	⑥	⑦	⑧	⑨	⑩

設問 4
＜解説＞

31　Present（現在）Illness（病状）：現病歴

32　Cardio（心臓）　Pulmonary（肺）Resuscitation（蘇生）：心肺蘇生術

33　Amyotrophic（筋萎縮）Lateral（側索）Sclerosis（硬化症）：筋萎縮性側索硬化症

34　Infantile（新生児）Respiratory（呼吸）Distress（窮迫）Syndrome（症候群）

35　Extracorporeal（体外）Shock（衝撃）Wave（波）Lithotripsy（砕石術）

36　Sleep（睡眠）Apnea（無呼吸）Syndrome（症候群）：睡眠時無呼吸症候群

37　Range（範囲）Of（の）Motion（可動）：可動の範囲→関節可動域

38　Percutaneous（経皮的）Transluminal（経血管的）Coronary（冠動脈）Angioplasty（血管形成術）：経皮的冠動脈形成術　→ Percutaneous Transluminal Catheter Angioplasty とも言う。

39　Endoscopic（内視鏡的）Retrograde（逆向性）Colangio（胆管）Pancreatography（膵臓造影）：内視鏡的逆向性膵胆管造影

40　Complete（全）Blood（血球）Count（計測・計算）：全血球計算

設問5	解　答　欄				
41	①	②	●	④	⑤
42	①	②	③	④	●
43	●	②	③	④	⑤
44	①	●	③	④	⑤
45	①	②	③	④	●
46	●	②	③	④	⑤
47	①	●	③	④	⑤
48	①	②	③	●	⑤
49	①	②	●	④	⑤
50	①	②	③	●	⑤

設問5
＜解説＞

41　消化管出血に由来する。消化器の管腔臓器の疾患を選べば良い。従って答えは③。

42　設問1も参照してほしい。肝硬変に至ると、門脈圧の亢進、痔核の形成、食道静脈瘤、そして代謝障害に伴う意識障害である。これはすべてである。従って答えは⑤。

43　糸球体腎炎の場合、そもそも尿が生成されなくなる。糖尿病性腎症も同様である。肝炎では、肝機能低下によってタンパクそのものが合成できなくなってしまう。すると残りはネフローゼ症候群以外にない。ネフローゼ症候群は、腎臓の濾過する篩の網目が大きくなって、タンパク質もダダ漏れする病態と考えれば良い。従って答えは⑤。

44　これは覚えておいて欲しい。AST/ALT とビリルビンは肝機能の典型的指標。AMY は、膵臓の機能。従って答えは②。

45　これも覚えておいてほしい。心筋梗塞は ST 波の上昇、狭心症は発作時の ST 波の低下、不整脈、房室ブロックは、波形の異常をきたす。従って答えは⑤。

46　動脈硬化になると血管の柔軟性が損なわれる（血管が硬くなる）ので、血液の流れが悪くなり、腎不全は体内の水分が過剰になって、いずれも循環に負担がかかる。原発性アルドステロン症は、ナトリウムを貯留するため、血圧を上げる要因となる。橋本病は、甲状腺機能が低下した病態なので、新陳代謝が低下して、臓器の全機能が低下するため血圧も低下傾向にある。従って答えは①。

47　胆石症は、石が動き出したときに周囲を刺激して、激しい上腹部痛、吐気（嘔吐）をともなる。同時に重症化すると胆汁の消化管への分泌ができなくなって、鬱滞を起こして余剰が血中に漏れ出てしまう。そうなると黄疸を呈する。頭部疾患ではないので、頭痛は生じない。従って答えは②。

48　炎症の5大主徴は覚えておこう。発赤（赤み）・腫脹（腫れる）・熱感（発熱とか熱っぽい）・疼

痛（痛い）・機能障害（関節などが痛くて動かしにくい）である。これを当てはめれば答えがでる。従って答えは④。

49 解剖は理屈抜きに覚える必要がある。クモ膜と軟膜と硬膜は脳を保護する大切な組織である。角膜は眼球の中間透光体の透明な膜、脈絡膜は網膜に栄養を与える結合組織でできた血管が豊富な膜。従って答えは③。

50 随意筋とは、自分の意志でうごかせる筋肉のこと。横紋筋（別名：骨格筋）意外にない。心筋と平滑筋は、不随意筋と呼ばれ自分の意志では制御できない。冷静に考えれば、心臓の拍動を自分の意志で速くしたり遅くしたりできない。平滑筋は消化管に存在するので、消化管運動にしても自分の意志で制御できない。従って答えは④。

第68回問題　解答・解説

【医療秘書実務】

設問1	解　　答　　欄
1	① ② ③ ④ ⑤ ⑥ ⑦ ⑧ ⑨ ●
2	① ② ③ ④ ● ⑥ ⑦ ⑧ ⑨ ⑩
3	① ② ● ④ ⑤ ⑥ ⑦ ⑧ ⑨ ⑩
4	① ② ③ ④ ⑤ ⑥ ⑦ ● ⑨ ⑩
5	① ② ③ ④ ⑤ ● ⑦ ⑧ ⑨ ⑩

設問1
＜解説＞

「電話・オンライン応対」についての設問である。

　電話応対では、

1）丁寧な話し方をする。

2）先ず、自分の病院名（所属）と氏名を名乗る。

3）用件の前に、「ただいま宜しいでしょうか？」と相手の都合を確認する。

4）騒音等がないか、周囲の環境に注意する。

などのいくつかのポイントに注意すること。

　近年急速に普及しているオンライン診療等では、

1）必要な機器（タブレットスタンド、マイク、ヘッドフォン等）を準備する。

2）背景の環境を整え、明るさ等に気を付けてカメラ設定をする。

などを注意しなければならない。

設問2	解　答　欄
6	● ②
7	● ②
8	① ●
9	① ●
10	● ②

設問2
＜解説＞

　封筒の宛名等は通常は縦書きで書くことが多いが、横書きで書く場合は、縦書きとは若干ルールが異なる。秘書としては、このルールも押さえておきたいものである。

1）切手は右上に貼る。

2）住所→会社（病院）名→所属部署名→（肩書）相手の氏名という順で書く。横書きの場合は、数字は算用数字を使う。

3）所属部署名は、会社（病院）名の後に一文字空けて書く、または改行して記入する。

4）役職名は、4文字までは名前の前に書くが、5文字以上の場合は、名前の上に小さめの文字で

記入する。
5）相手の氏名は中央に、住所より少し大きめの文字で記入する。
なお共通のルールとして郵便番号の前に〒マークを記入する人がいるが、必要ない。

【医療機関の組織・運営、医療関連法規】

設問1	解　　答　　欄									
11	①	②	③	④	●	⑥	⑦	⑧	⑨	⑩
12	①	●	③	④	⑤	⑥	⑦	⑧	⑨	⑩
13	①	②	③	④	⑤	⑥	⑦	●	⑨	⑩
14	●	②	③	④	⑤	⑥	⑦	⑧	⑨	⑩
15	①	②	③	④	⑤	⑥	●	⑧	⑨	⑩
16	①	②	③	④	⑤	⑥	⑦	⑧	⑨	●
17	①	②	●	④	⑤	⑥	⑦	⑧	⑨	⑩
18	①	②	③	④	⑤	⑥	⑦	⑧	●	⑩
19	①	②	③	●	⑤	⑥	⑦	⑧	⑨	⑩
20	①	②	③	④	⑤	●	⑦	⑧	⑨	⑩

設問1
<解説>

⑪ 米国の病院の多くはオープンシステム（Open System）となっており、開業医が自分の患者を入院させ治療する場所であり、日本のような外来診療は実施していない。この米国型オープンシステム病院の日本版が地域医療支援病院である。また、医師会立病院もこの役割を担っている。

⑫ メディケイド（Medicaid）とは、米国の公的医療扶助制度のひとつであり、日本における生活保護制度に該当する。1965年の社会保障法改正に伴い、1966年から実施されている。米国では原則的に自由と個人の責任を尊重するという視点にたって、個人が民間の保険会社の保険と契約することが基本となっている。

⑬ POMR（Problem Oriented Medical Record：問題指向型診療録）は、POS（Problem Oriented System：問題指向型方式）に沿って、検査科から診断、治療までの過程を診療録（カルテ）に記載する方法である。この方式で記録することによって、医療チームが解決する問題が明確になるうえ、問題を解決するために多職種が行う介入の相互理解が可能となる。

⑭ NST（Nutrition Support Team：栄養サポートチーム）とは、患者に最適の栄養管理を実施するために、医師、管理栄養士を始め、多職種で構成された医療チームのこと。

⑮ カンファレンス（Conference）とは直訳すれば「会議」となるが、医療現場で使われる場合は設問のような検討会を指す。

⑯ サマリー（Summary）を直訳すれば「概要」であるが、医療現場で使われる場合は、入院患者の病歴や、入院時の身体所見、検査所見、入院中に受けた医療についてまとめた記録のことをいう。

⑰ プライマリケア（Primary Care：初期医療）とは、患者が最初に身近に相談に乗ってもらえる総合的な医療であり、日本では開業医がその任務を務める。

⑱ EBM（Evidence-Based Medicine：根拠に基づく医療）の重要性は、近年の医学では非常に重要視されている。かつての日本では担当医のそれまでの経験や勘で治療方法を選択することも多く、効果が期待できないどころか、患者にとって悪影響を及ぼすことも考えられた。従って、そのようなことが起きないように、具体的なデータ、客観的に結果が出ている方法など、信頼でき

る根拠のある治療方法を選択し、患者に合わせた治療をしなければならない。

19　DI（Drug Information：医薬品情報管理）は薬剤師の業務として重要視されている。医薬品の情報を日々管理し、必要に応じて新薬情報の収集や、研究機関などへの情報提供なども一括して担う。特定機能病院では医薬品情報管理室の設置が施設基準となっている。

20　CI（Clinical Indicator：臨床指標）とは、医療の質を数で表し評価する指標のことである。医療の過程や結果から課題や改善点を見つけ出し、医療の質の向上を目的とする。

設問2	解　答　欄	
21	①	●
22	●	②
23	①	●
24	●	②
25	①	●
26	①	●
27	①	●
28	●	②
29	●	②
30	①	●

設問2
<解説>

21　×：「社会医療法人」は2007年4月に創設された医療法人制度である。社会医療法人は救急医療等、公益性の高い医療を行わなければならないが、一定の収益業務が認められ、その収益を当該社会医療法人が開設する病院、診療所または介護老人保健施設の経営に充てることを目的として、厚生労働大臣が定める業務（収益業務）を行うことができることになっている（医療法第42条の2）。

22　○：診療報酬点数表A207-2「医師事務作業補助体制加算」の通則に以下の文がある。
医師事務作業補助者の業務は、医師（歯科医師を含む）の指示の下に、診断書等の文書作成補助、診療記録への代行入力、医療の質の向上に資する事務作業（診療に関するデータ整理、院内がん登録等の統計・調査、教育や研修・カンファレンスのための準備作業等）、入院時の案内等の病棟における患者対応業務及び行政上の業務（救急医療情報システムへの入力、感染症サーベイランス事業に係る入力等）への対応に限定するものであること。なお、医師以外の職種の指示の下に行う業務、診療報酬の請求事務（DPCのコーディングに係る業務を含む）、窓口・受付業務、医療機関の経営、運営のためのデータ収集業務、看護業務の補助及び物品運搬業務等については医師事務作業補助者の業務としないこと。

23　×：医療法により規定される病床は、精神病床、感染症病床、結核病床、療養病床、一般病床の5種類である（医療法第7条の2）。地域包括ケア病棟は診療報酬における区分である。

24　○：応招義務については何度も出題しているが、薬剤師も調剤の求めに対する義務を担っている（薬剤師法第21条）。同様の応招義務を担う職種には、医師、歯科医師、獣医師がある。

25　×：介護老人保健施設の人員、施設及び設備並びに運営に関する基準（平成11年厚生省令第40号）に以下のように規定されている。
介護老人保健施設の医師は、不必要に入所者のために往診を求め、又は入所者を病院若しくは診療所に通院させてはならない。

26 ×：特定機能病院は実績を積み上げ、その実績が厚生労働大臣に承認されることにより、特定機能病院と称することができる（医療法第4条の2）。従って、初めから特定機能病院として開設することは不可能である。

27 ×：医薬品情報管理室の設置義務があるのは地域医療支援病院ではなく特定機能病院である。

28 ○：設問の通り。医療法第4条の3において規定される。

29 ○：設問の通り。精神保健福祉士法第4条〜6条。

30 ×：医療計画は医療法により作成が義務付けられており、原則、6年毎に改定される。二次医療圏は一般的な医療を提供する範囲として、複数の市町村を組み合わせて設定されている。都道府県を単位として設定されるのは三次医療圏であり、先進的な技術を必要とする特殊な医療に対応する範囲として設定されている。

設問3	解　　答　　欄									
31	①	●	③	④	⑤	⑥	⑦	⑧	⑨	⑩
32	①	②	③	④	⑤	⑥	⑦	●	⑨	⑩
33	①	②	③	④	●	⑥	⑦	⑧	⑨	⑩
34	①	②	③	④	⑤	⑥	⑦	⑧	⑨	●
35	①	②	③	④	⑤	●	⑦	⑧	⑨	⑩
36	①	②	●	④	⑤	⑥	⑦	⑧	⑨	⑩
37	①	②	③	④	⑤	⑥	●	⑧	⑨	⑩
38	●	②	③	④	⑤	⑥	⑦	⑧	⑨	⑩
39	①	②	③	●	⑤	⑥	⑦	⑧	⑨	⑩
40	①	②	③	④	⑤	⑥	⑦	⑧	●	⑩

設問3
<解説>

医師法により、医師には「処方箋の交付」が義務付けられており（医師法第22条）、医薬分業は医業の基本である。しかし日本では、医師が診察と投薬を行い、薬を渡すことが習慣化していたため、なかなか院外処方が進展しなかったという歴史的背景がある。

現在では約4分の3の医療機関が院外処方を実施しており、かかりつけ薬局を持つ国民も多いが、患者負担は増すというデメリットもある。

設問4	解　答　欄				
41	●	②	③	④	⑤
42	①	●	③	④	⑤
43	●	②	③	④	⑤
44	①	②	③	●	⑤
45	①	②	③	●	⑤
46	①	②	●	④	⑤
47	①	●	③	④	⑤
48	①	②	③	④	●
49	①	②	●	④	⑤
50	①	②	③	●	⑤

設問4

＜解説＞

41 44 　診療報酬改定は、基本方針を社会保障審議会の医療保険部会と医療部会で決定、改定率（つまり財源配分の大枠）を内閣が予算編成過程で決め、基本方針と改定率を受け、中央社会保険医療協議会（中医協）で改定内容を詰めるという役割分担となっている。

42 　概ね2年に1度、大改定が行われ、小改定が半年に1度実施される。

43 　薬価基準改定は従来の診療報酬改定に合わせ2年に1度だったものが、2021年度からは毎年実施されることとなった。薬価は改定の度に原則的には引き下げられる。

44 　病院の病室及び診療所の療養病床に係る病室の床面積は、内法による測定で、患者1人につき6.4m² 以上とすること（医療法施行規則第16条）。
　なお、この場合の床面積は壁の内側を図る内法による測定を基準とする。

45 　診療報酬点数表は原則的に「出来高払い」であり、DPC/PDPS では原則的に「包括払い」である。

46 　診療報酬の審査支払機関は、被用者保険、生活保護は社会保険診療報酬支払基金が担い、国民健康保険・後期高齢者医療は国民健康保険団体連合会が担っている。なお、都道府県により多少異なる。

47 　診療報酬の再審査請求は請求側・支払い側の双方から成すことが可能である。

48 　診療報酬は被保険者の支払う保険料が財源となっているが、それとは別に、保険診療を受けた患者は窓口で1～3割の負担金を支払う。また、社会福祉、公衆衛生の観点から、公費負担医療も実施されている。

49 　帝王切開術は診療報酬点数表 K898 に規定されている。他の2つは美容・予防医療となり、保険医療には該当しないため、当然、規定はない。

50 　返戻（へんれい）とは、提出した診療報酬明細書（レセプト）の記載内容に「不備」や「誤り」等があった場合に、提出した保険医療機関にレセプトを差し戻ことをいう。

【医学的基礎知識、医療関連知識】

設問1	解　　答　　欄									
1	①	②	③	④	⑤	⑥	⑦	●	⑨	⑩
2	①	②	③	●	⑤	⑥	⑦	⑧	⑨	⑩
3	①	②	③	④	⑤	⑥	⑦	⑧	⑨	●
4	●	②	③	④	⑤	⑥	⑦	⑧	⑨	⑩
5	①	②	●	④	⑤	⑥	⑦	⑧	⑨	⑩
6	①	②	③	④	●	⑥	⑦	⑧	⑨	⑩
7	①	②	③	④	⑤	⑥	●	⑧	⑨	⑩
8	①	②	③	④	⑤	⑥	⑦	●	⑨	⑩
9	①	●	③	④	⑤	⑥	⑦	⑧	⑨	⑩
10	①	②	③	④	⑤	●	⑦	⑧	⑨	⑩

設問1

＜解説＞

　免疫に関する設問である。新型コロナウィルスの蔓延に伴って、ワクチン接種とか、中和抗体とか、副反応とか、いろいろな言葉がマスコミで報道されている。正しい情報が大半だが、誤った理解による正しいと思い込んだ情報も含め、もはや氾濫に近い状態である。

免疫は大きく４種類に分類されているが、今回の設問はそのうちの１種類で最も一般的で患者数も多いⅠ型アレルギーに関わる問題である。４種類のアレルギー反応の説明は、紙面の都合上割愛するがいずれも、体内の構成成分とは異なる物質（異物）が体内に取り込まれたときに、これを排除しようとする反応をアレルギー反応（抗原抗体反応：免疫反応）などと総括する。そして、体内に入ってくる異物を抗原（アレルゲン）、この異物（アレルゲン：抗原）を迎え撃つ体内成分を抗体と呼ぶ。

　蕁麻疹、花粉症、気管支喘息、アトピー性皮膚炎、アナフィラキシーショックは、Ⅰ型アレルギーの典型（即時型アレルギー）である。

　今回の設問の花粉症は、花粉（スギとかブタクサ）を吸い込んだときに、身体がこの花粉の成分をアレルゲンと認識して、体内に吸い込んだ花粉に対する抗体を作って、迎え撃つときに生じる生理反応である。したがって、身体が花粉を異物と認識する前までは全く花粉症の症状は出現しないのが特徴であり、あるとき突然花粉症を発症する。そして患者さんの大半は、「去年まで、花粉症など無かったのに、今年から変だ！」などと訴える。これは、発症する前のシーズンに身体がこれまで曝露されても許容してきた花粉に対して、もはや我慢の限界と排除する準備をして、翌年の花粉の飛散シーズンに合わせて花粉に対する抗体を作ったからである。この時間的な空白は、免疫獲得期間と呼ばれインフルエンザの予防接種や新型コロナウィルスに対するワクチンが、注射（接種）してもすぐに予防効果が出ないのと全く同じ原理である。

　上述の通り、花粉症は沢山あるⅠ型アレルギー疾患の一つにすぎない。従って発症機序は、蕁麻疹もアナフィラキシーも全く同じである。

　身体はアレルゲン（抗原）と認識された異物に対して、IgE（免疫グロブリン E: immunoglobulin E）という抗体を作成する。この IgE は、体内に存在するマスト細胞（肥満細胞とも言う）に結合して、アレルゲンの侵入を警戒する。（ここまでの過程を免疫獲得と呼ぶ）。

　次に、アレルゲン（花粉）を吸入すると待ち受けていた Ig E によって、花粉が捕まる。アレルゲンを捕まえた IgE は、マスト細胞に花粉を捕まえた信号を出すと、マスト細胞は身体が花粉に曝露されていることを身体に知らせるために、化学伝達物質（ヒスタミンとかロイコトリエンなど）を放出（脱顆粒）する。（この反応を抗原抗体反応：アレルギー反応と呼ぶ）。

　花粉症にあっては、くしゃみや、水性鼻漏、咽頭痛、目の痒みなど、所謂花粉症の症状を出現させる。

　異物は、花粉に限らずどのような成分でも成立する。室内の埃やダニ、食物などもアレルゲンになり得る。気管支喘息は、主にダニをアレルゲンとして、吸入したアレルゲンが気管上で抗原抗体反応を引き起こすことで、呼吸困難を引き起こす。

　一般的にⅠ型アレルギーは、抗原に曝露されると数十秒から数分で症状が出始めることが特徴で、アナフィラキシーショックと呼ぶ症状は、最も重篤なⅠ型アレルギーであり、数分で死に至ることもあるので注意が必要である。

　多少の発症機序の違いはあるが、新型コロナウィルスワクチンの接種で熱が出たりする副反応と呼ばれる症状は、アレルギー反応と考えてよい。強く症状が出る人、そうでない人と様々であるが、この症状は身体がコロナウィルスを迎え撃つ準備をしていると考えれば良い。

　問題自体は平易であるが、「ヒスタミン」「化学伝達物質」などというちょっと専門的すぎる用語が出ているので、受験者は戸惑った可能性も否定できない。しかし教科書的問題であるので、受験者はよく読んで理解しておこう。

設問 2	解　答　欄	
11	①	●
12	●	②
13	●	②
14	①	●
15	①	●
16	①	●
17	●	②
18	●	②
19	●	②
20	①	●

設問2
<解説>

11　×：やせ型・若年男性に多発する。

12　○

13　○：逆に胃潰瘍は、食後胃痛が出現することが多い。

14　×：C型肝炎はほぼ全て慢性化し、肝硬変、肝臓癌を高率で引き起こす。

15　×：小児に多い疾患である。

16　×：成長ホルモンの分泌過多に由来する。

17　○

18　○：甲状腺ホルモンは基礎代謝を調節するため、分泌が多ければ代謝亢進、分泌が低下すれば代謝抑制する。

19　○：副腎皮質疾患である

20　×：乳酸ではなく尿酸（UA）である。

設問3　記述問題

21	22	23	24	25
接触性 皮膚炎	慢性 副鼻腔炎	麻疹	不整脈	狭心症
26	27	28	29	30
脳梗塞	肺炎	胃潰瘍	動悸	腫瘍 腫瘤　不可

設問3
<解説>

21　接触性皮膚炎

22　慢性副鼻腔炎

23　麻疹

24　不整脈

25　狭心症

26 脳梗塞
27 肺炎
28 胃潰瘍
29 動悸
30 腫瘍

設問4	解　　答　　欄									
31	①	②	③	④	⑤	⑥	●	⑧	⑨	⑩
32	①	②	●	④	⑤	⑥	⑦	⑧	⑨	⑩
33	①	②	③	④	⑤	⑥	⑦	⑧	●	⑩
34	●	②	③	④	⑤	⑥	⑦	⑧	⑨	⑩
35	①	②	③	④	●	⑥	⑦	⑧	⑨	⑩
36	①	②	③	④	⑤	●	⑦	⑧	⑨	⑩
37	①	●	③	④	⑤	⑥	⑦	⑧	⑨	⑩
38	①	②	③	④	⑤	⑥	⑦	⑧	⑨	●
39	①	②	③	●	⑤	⑥	⑦	⑧	⑨	⑩
40	①	②	③	④	⑤	⑥	⑦	●	⑨	⑩

設問4
＜解説＞

31 Hemolytic（溶血性）Uremic（尿毒症）Syndrome（症候群）
32 Glucose（ブドウ糖）Tolerance（負荷）　Test（試験）
33 Coronary（冠血管）Artery（動脈）Bypass（バイパス）　Graft（移植）
34 Idiopathic（特発性）Thrombocytopenic（血小板減少性）　Purpura（紫斑病）
35 Muco（粘膜）Cutaneous（皮膚）Lymphnode（リンパ節）　Syndrome（症候群）
36 Non-Steroidal（非ステロイド）Anti-Inflammatory（抗炎症）Drugs（薬）
37 Otitis（耳炎）Media（中耳）with Effusion（滲出性）
38 Range（範囲）Of（の）Motion（可動）：可動の範囲→関節可動域
39 Sexually（性行為で）Transmitted（移る：伝染する）Disease（疾患）
40 Transient（一過性）Ischemic（虚血）Attack（発作）：一過性脳虚血発作

設問5	解　答　欄				
41	①	②	●	④	⑤
42	①	②	③	●	⑤
43	①	●	③	④	⑤
44	①	●	③	④	⑤
45	①	②	●	④	⑤
46	①	②	③	●	⑤
47	①	②	③	④	●
48	●	②	③	④	⑤
49	①	②	③	④	●
50	●	②	③	④	⑤

設問5
＜解説＞

41 浮腫 (edema)、乏尿 (oliguria)、蛋白尿 (proteinuria) である。るい痩（emaciation）は通常の腎機能障害では認められない。したがって答えは③。

42 血液中に存在するタンパク質の大半がアルブミンとグロブリンである。クレアチニンは、筋肉運動後の老廃物であり、窒素、水素、酸素、炭素から作られた有機物であるが、タンパク質でもアミノ酸でもない。アンモニアは、アミノ酸の窒素代謝の結果産生される有毒物質で、最終的に無害な尿素に解毒される。したがって答えは④。

43 これは生化学検査を覚えておけば簡単である。TG (中性脂肪：Triglyceride・トリグリセリド)、HDL-Cho(high density lipoprotein-cholesterol)、LDL-Cho (low density lipoprotein-cholesterol) である。ALP は、Alkaline Phosphatase の略で、肝機能障害などの細胞障害の指標となる。したがって答えは②。

44 外分泌腺と内分泌腺の違いはしっかり覚えよう。外分泌腺は外分泌組織で作られた物質を導管を経て体外に放出する機能を有する。内分泌腺は、内分泌組織で作られた物質を血中に放出する機能を有する。汗腺は、汗を作って体外に放出する。唾液腺は、唾液を作って口腔内に放出する。内分泌腺がわからなくても、答えが導き出される。したがって答えは②。

45 Ｂ型肝炎は、血液や体液から感染する。Ｂ型肝炎患者さんを前に、マスクをして患者対応はしないから、空気感染はあり得ないと直感できる。すなわち、血液感染（輸血や針刺し事故）と不潔な性行為で伝播する。したがって答えは③。

46 疾患の分類で覚えると良い。脂質異常症は代謝系疾患、橋本病は甲状腺疾患、尿崩症は下垂体疾患なので内分泌疾患、ウェルニッケ脳症はビタミンB1の欠乏からくる重篤な中枢神経疾患と覚えておこう。したがって答えは④。

47 糖尿病 (DM: Diabetes Mellitus) の典型的症状は、多飲、多食、多尿、多汗そして易疲労と倦怠感、重症化すると痩せを認める。したがって答えは⑤。

48 バセドウ病は甲状腺機能亢進症である。甲状腺は基礎代謝の調節に必須のホルモンであり、機能亢進すると頻脈、るい痩、情緒不安定、などを呈し重症化すると眼球突出をきたす。したがって答えは①。

49 体内に石ができると胆石にせよ尿路結石にせよ、お腹や背中に激痛が出る。したがって、a) が該当するので、a) のある解答を探す。痒みと血尿が残るが、尿路結石で尿路系疾患であることがわかるから、血尿であろうと想像できる。したがって答えは⑤。

50 膀胱炎は尿路系疾患である。膀胱の細菌感染に由来するが、腎盂腎炎と異なり発熱などの全身症

状は原則認めない。症状としては、排尿時痛、頻尿、尿混濁を伴う。これらに加えて背部痛、発熱等の全身症状を認めたときは腎盂腎炎を疑う。したがって答えは①。

第69回問題　解答・解説

【医療秘書実務】

設問1	解　　答　　欄
1	① ● ③ ④ ⑤ ⑥ ⑦ ⑧ ⑨ ⑩
2	① ② ③ ● ⑤ ⑥ ⑦ ⑧ ⑨ ⑩
3	① ② ③ ④ ⑤ ● ⑦ ⑧ ⑨ ⑩
4	① ② ③ ④ ⑤ ⑥ ⑦ ● ⑨ ⑩
5	① ② ③ ④ ⑤ ⑥ ⑦ ⑧ ⑨ ●

設問 1
＜解説＞

　クレーム対応についての設問である。（　　）の中に解答を当てはめ熟読すること。クレーム対応の一番のポイントは聴くことである。次に迅速な対応が大切であり、相手を大切にしていることの証明になる。クレームを言う患者は多くの場合感情的になっている。そのようなときに事務的な対応をすると、相手を更に感情的にしてしまうため注意を要する。

設問2	解　答　欄
6	① ●
7	● ②
8	① ●
9	① ●
10	● ②

設問 2
＜解説＞

6　×：一人掛けの椅子ではなく、ソファが上席である。

7　○：出入口から近い席が下座であり、とっさの対応もしやすい。後輩職員はそこに座り、様々な役割を果たす。

8　×：来客には、操作盤の後ろの奥の位置に立ってもらうのが良い。

9　×：タクシーでは、運転手の後ろの後部座席が上座であり（事故が起きた時、この位置が最も生存率が高いとされる）、先輩にはここに先に乗ってもらうのが良い。

10　○：奥の席が上座にあたり、上役の方々には奥に着席してもらうのが良い。

【医療機関の組織・運営、医療関連法規】

設 問 1			解		答		欄				
11	①	②	●	④	⑤	⑥	⑦	⑧	⑨	⑩	
12	①	②	③	●	⑤	⑥	⑦	⑧	⑨	⑩	
13	①	●	③	④	⑤	⑥	⑦	⑧	⑨	⑩	
14	●	②	③	④	⑤	⑥	⑦	⑧	⑨	⑩	
15	①	②	③	④	⑤	⑥	⑦	⑧	●	⑩	
16	①	②	③	④	⑤	●	⑦	⑧	⑨	⑩	
17	①	②	③	④	●	⑥	⑦	⑧	⑨	⑩	
18	①	②	③	④	⑤	⑥	⑦	●	⑨	⑩	
19	①	②	③	④	⑤	⑥	●	⑧	⑨	⑩	
20	①	②	③	④	⑤	⑥	⑦	⑧	⑨	●	

設問1
<解説>

　医療機関の医薬品や材料の適正な在庫と適正な仕入れに関する設問である。過剰仕入からの過剰在庫が無駄なコストを生み、経営を圧迫する。適正な在庫を維持するにはどうしたら良いのかを本設問から汲み取って欲しい。

設 問 2	解	答	欄
21	①	●	
22	●	②	
23	●	②	
24	①	●	
25	●	②	
26	●	②	
27	①	●	
28	①	●	
29	①	●	
30	①	●	

設問2
<解説>

21　×：臨床研修等修了医師、臨床研修等修了歯科医師又は助産師が診療所又は助産所を開設したときは、開設後10日以内に、診療所又は助産所の所在地の都道府県知事に届け出なければならない。(医療法第8条) この条文から解るように、開設後10日以内に都道府県知事に届け出ることとなっている。なお、「臨床研修等修了医師等」と表記する場合は、「臨床研修等修了医師」および「臨床研修等修了歯科医師」の両者を指している。

22　○：設問の通り。臨床研修等修了医師等は、個人で診療所を開設し、自ら診療を行うことが可能である。

23　○：病院又は診療所の開設者は、その病院又は診療所が医業をなすものである場合は臨床研修等修了医師に、歯科医業をなすものである場合は臨床研修等修了歯科医師に、これを管理させなければならない。(医療法第10条)

24　×：生活保護受給者であっても、当人の財政状況によっては負担金が課されることがある。

25　○：設問の通り。病院には様々な職種の医療専門職がいる。チーム医療とは、ひとりの患者に主治医を始めとする複数の医療専門職が連携して治療やケアに当たることをいう。

26　○：設問の通り。年月が経過するにつれ、この問題は縮小してはきているが、専門職の方々はそれぞれが専門職のプライドを持っているため、他人から指図されることを嫌う者が多いのと、専門の業務を行っていれば良いと考えがちであり、病院全体で何かやろうとしても、非協力的な者が多いことがある。

27　×：後期高齢者医療制度が実施されたのは 2008 年度からである。

28　×：地域医療支援病院は 1997（平成 9）年の第三次医療法改正にて制度化された。それと同時に、総合病院というシステムは廃止となった。

29　×：特定機能病院と称するには厚生労働大臣の承認が必要であるが、令和 4 年 12 月現在で 88 病院が承認されている。少数ながら、大学医学部附属病院でも承認されていない病院もある。また、分院は 1 件も承認されていない。

30　×：2022（令和 4）年 10 月より、単体世帯なら年収 200 万円以上、夫婦なら合計年収 320 万円以上の場合は 2 割負担となる旨が、新たな医療制度改革関連法案により決定した。

設問3	解　　答　　欄									
31	①	②	●	④	⑤	⑥	⑦	⑧	⑨	⑩
32	①	②	③	④	⑤	●	⑦	⑧	⑨	⑩
33	①	②	③	④	⑤	⑥	⑦	⑧	●	⑩
34	①	②	③	④	⑤	⑥	⑦	●	⑨	⑩
35	●	②	③	④	⑤	⑥	⑦	⑧	⑨	⑩
36	①	②	③	●	⑤	⑥	⑦	⑧	⑨	⑩
37	①	②	③	④	⑤	●	⑦	⑧	⑨	⑩
38	①	②	③	④	⑤	⑥	⑦	⑧	⑨	●
39	①	②	③	④	●	⑥	⑦	⑧	⑨	⑩
40	①	●	③	④	⑤	⑥	⑦	⑧	⑨	⑩

設問3
＜解説＞

　日本では原則的に保険診療と保険外診療（自由診療）を併用することは認められていない。併用する場合は全額が患者負担となる。例えば美容目的の整形手術をするには、それに伴う検査、場合によっては入院することも考えられるが、検査料や入院料が保険点数として存在するからといって、その部分だけ保険適用する等ということはできないということである。

　但し、保険外併用療養費という例外も存在する。患者の同意があれば、保険外併用療養費として規定されたものは、保険診療と併用が可能である。この場合、保険診療の分は保険で決められた割合を患者は負担し、保険外診療の分は全額を負担するということとなる。

設問4　解答欄

設問4	①	②	③	④	⑤
41	①	②	③	●	⑤
42	①	●	③	④	⑤
43	①	●	③	④	⑤
44	①	②	③	④	●
45	①	②	●	④	⑤
46	①	②	●	④	⑤
47	①	●	③	④	⑤
48	①	●	③	④	⑤
49	①	②	③	●	⑤
50	●	②	③	④	⑤

設問4
<解説>

41 75歳以上の者、一定の障害のある65歳～75歳未満の者は、原則的に全員が後期高齢者医療の加入者となる。

42 設問の中では看護師のみ。他には、医師、歯科医師および准看護師がいる。

43 設問の中では診療放射線技師のみ。他には医師、歯科医師がいる。

44 処方という医療行為は医師、歯科医師のみが行うことが可能である。

45 設問の訓練が行える職種は医師と作業療法士である。

46 設問の業務を行うことができるのは管理栄養士である。

47 後期高齢者医療制度には傷病手当金の給付は存在しない。

48 設問の通り。診療費の1割および食事が提供された回数の標準負担額を支払わなければならない。なお、入院が長期に及んだり、高額な医療を受けた場合等で、一定の自己負担限度額を超えた場合は、高額療養費支給制度により、超えた金額は給付される。

49 後期高齢者医療の費用は、レセプトを用いて国民健康保険団体連合会へ提出する。

50 冷暖房代は基本診療料に含まれるという解釈となる。実費徴収が認められるものと認められないものの例を下記に記す。詳細は点数表を参考のこと。

　療養の給付と直接関係ないサービス等（実費徴収が認められるもの）
（1）日常生活上のサービスに係る費用
　　　ア　おむつ代、尿とりパット代、腹帯代、T字帯代
　　　イ　病衣貸与代（手術、検査等を行う場合の病衣貸与を除く）
　　　ウ　テレビ代
　　　エ　理髪代
　　　オ　クリーニング代
　　　カ　ゲーム機、パソコン（インターネットの利用等）の貸出し
　　　キ　MD、CD、DVD各プレイヤー等の貸出し及びそのソフトの貸出し
　　　ク　患者図書館の利用料　等
（2）公的保険給付とは関係のない文書の発行に係る費用
　　　ア　証明書代
　　（例）　産業医が主治医に依頼する職場復帰等に関する意見書、生命保険等に必要な診断書等の作成代　等

　　　イ　診療録の開示手数料（閲覧、写しの交付等に係る手数料）
　　　ウ　外国人患者が自国の保険請求等に必要な診断書等の翻訳料　等
（3）診療報酬点数表上実費徴収が可能なものとして明記されている費用
　　　ア　在宅医療に係る交通費
　　　イ　薬剤の容器代（ただし、原則として保険医療機関等から患者へ貸与するものとする）　等
（4）医療行為ではあるが治療中の疾病又は負傷に対するものではないものに係る費用
　　　ア　インフルエンザ等の予防接種、感染症の予防に適応を持つ医薬品の投与
　　　イ　美容形成（しみとり等）
　　　ウ　禁煙補助剤の処方（ニコチン依存症管理料の算定対象となるニコチン依存症（以下「ニコ
　　　　　チン依存症」という）以外の疾病について保険診療により治療中の患者に対し、スクリー
　　　　　ニングテストを実施し、ニコチン依存症と診断されなかった場合であって、禁煙補助剤を
　　　　　処方する場合に限る）
　　　エ　治療中の疾病又は負傷に対する医療行為とは別に実施する検診（治療の実施上必要と判断
　　　　　し検査等を行う場合を除く）　等
（5）その他
　　　ア　保険薬局における患家等への調剤した医薬品の持参料及び郵送代
　　　イ　保険医療機関における患家等への処方箋及び薬剤の郵送代
　　　ウ　日本語を理解できない患者に対する通訳料
　　　エ　他院より借りたフィルムの返却時の郵送代
　　　オ　院内併設プールで行うマタニティースイミングに係る費用
　　　カ　患者都合による検査のキャンセルに伴い使用することのできなくなった当該検査に使用す
　　　　　る薬剤等の費用（現に生じた物品等に係る損害の範囲内に限る。なお、検査の予約等に当
　　　　　たり、患者都合によるキャンセルの場合には費用徴収がある旨を事前に説明し、同意を得
　　　　　ること）
　　　キ　院内託児所・託児サービス等の利用料
　　　ク　手術後のがん患者等に対する美容・整容の実施・講習等
　　　ケ　有床義歯等の名入れ（刻印・プレートの挿入等）
　　　コ　画像・動画情報の提供に係る費用（区分番号「B010」診療情報提供料（Ⅱ）を算定する
　　　　　べき場合を除く）
　　　サ　公的な手続き等の代行に係る費用　等

療養の給付と直接関係ないサービス等とはいえないもの（実費徴収が認められないもの）
（1）手技料等に包括されている材料やサービスに係る費用
　　　ア　入院環境等に係るもの
　　（例）シーツ代、冷暖房代、電気代（ヘッドホンステレオ等を使用した際の充電に係るもの
　　　　　等）、清拭用タオル代、おむつの処理費用、電気アンカ・電気毛布の使用料、在宅療養
　　　　　者の電話診療、医療相談、血液検査など検査結果の印刷費用代　等
　　　イ　材料に係るもの
　　（例）衛生材料代（ガーゼ代、絆創膏代等）、おむつ交換や吸引などの処置時に使用する手袋
　　　　　代、手術に通常使用する材料代（縫合糸代等）、ウロバッグ代、皮膚過敏症に対するカ
　　　　　ブレ防止テープの提供、骨折や捻挫などの際に使用するサポーターや三角巾、医療機関
　　　　　が提供する在宅医療で使用する衛生材料等、医師の指示によるスポイト代、散剤のカプ
　　　　　セル充填のカプセル代、一包化した場合の分包紙代及ユニパック代　等

ウ　サービスに係るもの

（例）　手術前の剃毛代、医療法等において設置が義務付けられている相談窓口での相談、車椅子用座布団等の消毒洗浄費用、インターネット等より取得した診療情報の提供、食事時のとろみ剤やフレーバーの費用　等

（2）診療報酬の算定上、回数制限のある検査等を規定回数以上に行った場合の費用（費用を徴収できるものとして、別に厚生労働大臣の定めるものを除く）

（3）新薬、新医療機器、先進医療等に係る費用

　　　ア　薬事法上の承認前の医薬品・医療機器（治験に係るものを除く）
　　　イ　適応外使用の医薬品（評価療養を除く）
　　　ウ　保険適用となっていない治療方法（先進医療を除く）　等

　なお、管理費、お世話料または雑費等の曖昧な名目での費用徴収も認められない。

【医学的基礎知識、医療関連知識】

設問1	解 答 欄									
1	①	②	③	④	⑤	⑥	⑦	●	⑨	⑩
2	①	②	③	④	⑤	⑥	⑦	⑧	⑨	●
3	①	②	③	●	⑤	⑥	⑦	⑧	⑨	⑩
4	●	②	③	④	⑤	⑥	⑦	⑧	⑨	⑩
5	①	②	●	④	⑤	⑥	⑦	⑧	⑨	⑩
6	①	②	③	④	●	⑥	⑦	⑧	⑨	⑩
7	①	②	③	④	⑤	●	⑦	⑧	⑨	⑩
8	①	②	③	④	⑤	⑥	●	⑧	⑨	⑩
9	①	●	③	④	⑤	⑥	⑦	⑧	⑨	⑩
10	①	②	③	④	⑤	●	⑦	⑧	⑨	⑩

設問1

<解説>

　内分泌とその疾患に関する設問である。内分泌機能は、ヒトの生命活動に不可欠な微量因子を分泌する器官である。まずは2級の受験者にとって必須知識は、外分泌と内分泌の違いである。

　　　外分泌：組織臓器で産生された成分が導管を経て体外に分泌され、その分泌局所で機能する。外分泌成分を分泌する器官を外分泌器官（外分泌腺）と呼ぶ。汗腺、乳腺、唾液腺などはその典型である。

　　　内分泌：組織臓器で産生された成分が血中に分泌され、血行を介して遠隔組織・臓器に機能する。内分泌成分を分泌する器官を内分泌器官（内分泌腺）と呼ぶ。ホルモンがその典型である。

　簡単には、体外に分泌される場合は外分泌、体内に分泌される場合は内分泌と考えれば良い。外分泌は多岐に渡り、汗・乳汁・消化液・唾液などは外分泌物質の典型である。ここで、膵管から分泌される消化液などは内分泌と間違われやすいが、消化管は外部につながっているので体外と考えれば良い。

　甲状腺は内分泌器官の一つで、身体の基礎代謝・新陳代謝に関わる重要なホルモン、トリヨードサイロニン (T3)、テトラヨードチロキシン (T4) を分泌する。

　甲状腺ホルモンは分泌されるまでには複雑なネットワークがあることを理解しておく必要がある。

T3、T4 は、脳下垂体前葉から分泌される甲状腺ホルモン刺激ホルモン (TSH) によって制御されている。この TSH の分泌が増えれば、T3、T4 の分泌は増加するし、TSH の分泌が減れば T3、T4 の分泌は低下する。ではこの TSH の分泌の増減はどのように調節されているかというと、視床下部から分泌される甲状腺刺激ホルモン放出ホルモン (TSH-RH が正式であるが TRH と略される) の増減に応じて、TSH の分泌が調節される。すなわち TRH が増えれば TSH も増えて、その結果 T3、T4 が増える。TRH が減少すれば、TSH も減り、T3,T4 も減るという流れである。血液中を流れる T3、T4 は、視床下部で常に一定に維持できるようにモニターされている。T3、T4 が増えれば、視床下部がこれをモニターして TRH の分泌を低下し、下垂体前葉はこの TRH をモニターして TSH の分泌を減らす。すると、甲状腺は TSH が減ったことを受けて T3、T4 の分泌が低下する。T3、T4 が少なくなっていれば、視床下部がこれをモニターして TRH の分泌を促し、TSH そして甲状腺へと連絡が入る。こういった調節機構をネガティブフィードバックと呼ぶ。

この甲状腺に異常が生じることを甲状腺機能障害とか甲状腺疾患と定義する。ヒトの基礎代謝・新陳代謝に関わる臓器であるから、甲状腺機能が亢進すれば、T3、T4 の分泌が過剰になると考えて良い。このホルモンが増えれば、新陳代謝が亢進する訳であるから、行動は活発になり、食欲の亢進があるのに痩せてきたり、脈搏が速くなったり、汗をかきやすかったり、手足・身体が震えたりと様々な症状が出てくる。これを甲状腺機能亢進症と呼ぶが、一般的にバセドウ病と言われ、重症になると、眼球の突出や甲状腺の肥大（瀰慢性甲状腺腫大）という症状が出現する。

逆に甲状腺機能が低下した場合は、T3、T4 の分泌が低下するため、新陳代謝が低下する。甲状腺機能亢進の症状とは逆の症状が出るため、疲労感、無気力などが典型的な症状となって現れる。これを甲状腺機能低下症と定義し、最も多い疾患に橋本病が挙げられる。教科書的には、粘液水腫とかクレチン病などとも言われるので覚えておこう。

内分泌疾患の治療は、原則的にはホルモンの分泌が少なければ (機能低下症であれば)、ホルモンの補充を行い、ホルモン分泌が過剰であれば（機能亢進症であれば）ホルモン拮抗薬を投与する。そのほか腫瘍などが原因で内分泌機能に異常が起こることもあるが医療秘書技能検定の医学知識では不要であり、本設問のような基本をしっかり学ぶことの方が重要である。

問題自体は平易であるが、3 級レベルであるが、疾患を絡めていることから 2 級のレベルにまで難易度が上がっている。しかし教科書的問題であるので、受験者はよく読んで理解しておこう。

設問2	解　答　欄
11	● ②
12	① ●
13	● ②
14	① ●
15	① ●
16	● ②
17	● ②
18	① ●
19	● ②
20	① ●

設問2

＜解説＞

11 ○：狭心症は、血流が途絶するわけではないから、心筋は生存している。心筋梗塞は心筋は壊死が始まっている。この両者の疾患を虚血性心疾患 (Ischemic Heart Disease: IHD) と総称する。

12 ×：前立腺は男性特有の臓器である。

13 ○

14 ×：問題は白内障の説明である。緑内障は、網膜の疾患である。

15 ×：僧帽弁が2枚の弁、その他は3枚で成り立っている。

16 ○：1型糖尿病には、自己免疫疾患の場合やウィルス感染に由来する。

17 ○

18 ×：本態性高血圧症が全体の95％を占め、2次性高血圧症はわずかである。

19 ○

20 ×：良性腫瘍である。

設問3　記述問題

21	22	23	24	25
脱臼	統合失調症	痛風	尿崩症	糸球体腎炎
26	27	28	29	30
気管支喘息	不整脈	胃潰瘍	便秘	肺炎

＜解説＞

21 脱臼

22 統合失調症

23 痛風

24 尿崩症

25 糸球体腎炎

26 気管支喘息

27 不整脈

28 胃潰瘍

29 便秘

30 肺炎

設問4

設問4	解　　　答　　　欄									
31	①	②	③	④	⑤	⑥	●	⑧	⑨	⑩
32	①	②	③	●	⑤	⑥	⑦	⑧	⑨	⑩
33	①	②	●	④	⑤	⑥	⑦	⑧	⑨	⑩
34	①	②	③	④	⑤	⑥	⑦	●	⑨	⑩
35	①	●	③	④	⑤	⑥	⑦	⑧	⑨	⑩
36	①	②	③	④	●	⑥	⑦	⑧	⑨	⑩
37	①	②	③	④	⑤	⑥	⑦	⑧	●	⑩
38	①	②	③	④	⑤	●	⑦	⑧	⑨	⑩
39	①	②	③	④	⑤	⑥	⑦	⑧	⑨	●
40	●	②	③	④	⑤	⑥	⑦	⑧	⑨	⑩

設問4
＜解説＞

31　Diabetes Mellitus（糖尿病）

32　Post（後）Traumatic（外傷）　Stress　（心的ストレス）　Disorder（障害）

33　Chronic（慢性）Kidney（腎臓）Disease（病）

34　Meticillin（メチシリン）Resistant　（耐性）　Staphylococcus　Aureus（黄色ブドウ球菌）

35　Severe　（重症）Acute（急性）Respiratory（呼吸器）Syndrome（症候群）

36　TuBerculosis（結核）

37　Blood（血液）Sugar（糖）：血糖

38　Attention-Deficit（注意欠陥）Hyperactivity（多動性）Disorder（障害）

39　Alkaline（アルカリ）Phosphatase（ホスファターゼ）

40　Tri- Glyceride（トリグリセリド：中性脂肪）

設問5

設問5	解　答　欄				
41	①	②	③	④	●
42	①	②	●	④	⑤
43	①	②	③	●	⑤
44	①	②	③	●	⑤
45	①	②	●	④	⑤
46	①	②	③	④	●
47	①	●	③	④	⑤
48	①	●	③	④	⑤
49	●	②	③	④	⑤
50	●	②	③	④	⑤

設問5
＜解説＞

41　これら全ての病態が糖尿病合併症の典型である。したがって答えは⑤。

42　BUN: 腎機能、AST: 肝機能、γGTP: 肝機能、Cre: 腎機能である。したがって答えは③。

43　胆石症の典型的な症状は、腹痛、黄疸、炎症に伴う発熱である。他にも、嘔吐なども認める。吐血はない。したがって答えは②。

31

44 昔で言う高脂血症のことである。その当時は CHOL と TG が異常値を示すことを定義していたが、現在は HDL-CHOL が低いと好ましくないことが判明し、名称が変更された。現在は、LDL-CHOL あるいは TG の基準値が高く、HDL-CHOL の基準値が低い状態は、その後の動脈硬化や虚血性心疾患、中枢系疾患リスクが高くなることがわかった。そのため脂質異常症とされた。したがって答えは②。

45 外耳と中耳の境に鼓膜が存在する。この鼓膜に接する形で耳小骨（ツチ・キヌタ・アブミ骨）が中耳腔に存在する。すると内耳に存在するのは、蝸牛と三半規管になる。したがって答えは③。

46 設問 1 の解説を参照のこと。したがって答えは⑤。

47 白内障と緑内障の違いを理解しておく必要があるが、設問 2 の問 14 の解説を参考にすると、c を含まないものを選択すると、一つしかない。したがって答えは②

48 ウィルス感染、細菌感染、真菌感染は覚える以外にない。カンジダ感染と白癬は真菌感染症の代表的な病気。帯状疱疹はウィルス感染症、破傷風菌は細菌感染である。したがって答えは②。

49 これは理屈抜きに覚える必要がある。ここで、ダウン症は常染色体 21 番目が 3 本（トリソミー）、クラインフェルター症候群は性染色体が XXY の場合。すなわち、クラインフェルター症候群を除いた回答を探すと、答えが自然に出てくる。したがって答えは①。

50 この中で、麻疹がウィルス疾患であることがわかれば、残りの解答は二つに絞られる。結核が結核菌（細菌感染）であることはもはや常識として覚えておいてほしい。したがって答えは①。

第70回問題　解答・解説

【医療秘書実務】

設問1	解　　答　　欄
1	① ② ③ ④ ⑤ ⑥ ⑦ ⑧ ⑨ ●
2	① ② ③ ④ ⑤ ⑥ ⑦ ⑧ ● ⑩
3	① ② ③ ④ ⑤ ● ⑦ ⑧ ⑨ ⑩
4	① ② ● ④ ⑤ ⑥ ⑦ ⑧ ⑨ ⑩
5	① ② ③ ④ ⑤ ⑥ ⑦ ● ⑨ ⑩

設問1

＜解説＞

　医療秘書の業務とその行動についての設問である。医療秘書は他部門との関わりが多いので、人間関係が大切であること。上司の専門分野によって取り扱う仕事の内容が違ってくるため、最低限の医学的な専門知識を持つこと。また、多岐にわたる仕事を間違いなく処理するには、その時の仕事の優先順位を心掛けて、計画性のある迅速な仕事をしていくことが、医療秘書の業務の基本である。

設問2	解　答　欄
6	● ②
7	① ●
8	● ②
9	① ●
10	● ②

設問2

＜解説＞

6　○：正しい。

7　×：自分の名刺を忘れた場合でも、相手の名刺はいただいておき、自分の名刺は後日に相手の方へ郵送するなどの方法をとり誠意を示す。

8　○：正しい。

9　×：名刺を直ぐに名刺入れにしまうことは、相手に興味がないことを示すこととなるので、タイミングを見ながら、切の良い頃合いでしまうと良い。

10　○：正しい。

【医療機関の組織・運営、医療関連法規】

設問1　解答欄

	①	②	③	④	⑤	⑥	⑦	⑧	⑨	⑩
11				●						
12									●	
13							●			
14	●									
15										●
16					●					
17								●		
18		●								
19						●				
20			●							

設問1
＜解説＞

　本設問は、医療事務制度や医療保障制度を解釈するために必要な法令用語である。最低限の法令を理解せずに医療秘書は務まらない。文とその用語を組み合わせ、しっかりと理解するように努めること。

設問2　解答欄

	①	②
21	①	●
22	●	②
23	●	②
24	①	●
25	①	●
26	①	●
27	●	②
28	①	●
29	●	②
30	●	②

設問2
＜解説＞

　診療報酬点数表の A207-2「医師事務作業補助体制加算（入院初日）」の通知（３）に次の条文がある。
（３）医師事務作業補助者の業務は、医師（歯科医師を含む）の指示の下に、診断書等の文書作成補助、診療記録への代行入力、医療の質の向上に資する事務作業（診療に関するデータ整理、院内がん登録等の統計・調査、教育や研修・カンファレンスのための準備作業等）、入院時の案内等の病棟における患者対応業務及び行政上の業務（救急医療情報システムへの入力、感染症サーベイランス事業に係る入力等）への対応に限定するものであること。なお、医師以外の職種の指示の下に

行う業務、診療報酬の請求事務（ＤＰＣのコーディングに係る業務を含む）、窓口・受付業務、医療機関の経営、運営のためのデータ収集業務、看護業務の補助及び物品運搬業務等については医師事務作業補助者の業務としないこと。

　従って、21 24 25 26 28は、医師事務作業補助者以外の業務となる。

設問3	解　　　答　　　欄									
31	①	②	●	④	⑤	⑥	⑦	⑧	⑨	⑩
32	①	②	③	④	●	⑥	⑦	⑧	⑨	⑩
33	①	●	③	④	⑤	⑥	⑦	⑧	⑨	⑩
34	①	②	③	④	⑤	⑥	⑦	●	⑨	⑩
35	①	②	③	④	⑤	⑥	●	⑧	⑨	⑩
36	●	②	③	④	⑤	⑥	⑦	⑧	⑨	⑩
37	①	②	③	●	⑤	⑥	⑦	⑧	⑨	⑩
38	①	②	③	④	⑤	●	⑦	⑧	⑨	⑩
39	①	②	③	④	⑤	⑥	⑦	⑧	⑨	●
40	①	②	●	④	⑤	⑥	⑦	⑧	⑨	⑩

設問3

<解説>

　日本の医療保障制度は概要図にあるように、医療保険、労災保険、公費負担医療の3本柱によって成り立っている。この医療保険は勤務先のある者は被用者保険、勤務先のない者（自営業者、自由業者等）は国民健康保険、原則として75歳以上の者は後期高齢者医療に加入する。日本は1961年以降、国民皆保険・皆年金制度をとっており、無保険でいることは許されない。

　被用者保険加入者が医療保険を使えるのは業務外の事由による傷病に限られており、業務上および通勤途上の傷病は勤務先の事業所が加入する労災保険を使うこととなる。なお、労災保険は事業所単位で加入することとなり、従業員を使用する事業所は必ず労災保険に加入しなければならない。

　日本国憲法第25条では、社会権のひとつである「生存権」を保障するとともに、国の社会的使命について規定している。「すべて国民は、健康で文化的な最低限度の生活を営む権利を有する。国は、すべての生活部面について、社会福祉、社会保障及び公衆衛生の向上及び増進に努めなければならない」

　この規定に基づき、各種の公費負担医療が存在する。公費負担医療は社会的弱者、心身障がい者、感染症蔓延予防等のために欠かせない制度となっている。

設問4	解 答 欄				
41	①	②	●	④	⑤
42	①	②	③	●	⑤
43	①	●	③	④	⑤
44	●	②	③	④	⑤
45	①	②	③	④	●
46	①	②	③	●	⑤
47	①	●	③	④	⑤
48	①	②	③	④	●
49	①	②	●	④	⑤
50	●	②	③	④	⑤

設問4

<解説>

　本設問は、労働者の入院に伴う医療費と所得保障に関する記述である。単に語句の理解だけではなく、語句の内容の適用について、試験後に様々な場面で活用できるように事例形式にした。

　疾病が「悪性脳腫瘍」となっており、業務外による保険給付、すなわち健康保険の給付であることが読み取れる。現金給付であるため、被保険者が保険者に請求する必要がある。→ 44

高額療養費について

　41 は、「KさんがA病院に支払う一部負担金の額が、所定の自己負担限度額を超えた場合に、申請により超えた額が後日払い戻されるもの」という表現から、「高額療養費」の定義であることが解る。なお、入院時食事療養費の負担額については対象とならない。→ 45

　43 は、「（高額療養費の）払い戻しを放棄する代わりに、A病院への支払額の負担を軽くする」とあるので、「限度額適用認定証」が入る。

傷病手当金について

　42 は、以降に「（ 46 ）の事由による傷病による療養のために仕事を休んだ日から連続して（ 47 ）を経過した日から労務に服することができない期間、所得保障として支給されるもの」とある。ここから「休業補償給付」（労災保険）または「傷病手当金」（健康保険）が導き出せるが、疾病が「悪性脳腫瘍」であることから、業務起因性・業務遂行性が否定され、「傷病手当金」が導き出せる。

　傷病手当金は労務不能となった傷病に基づく欠勤が連続して3日を経過した日から、1日につき、傷病手当金の支給を始める日の属する月以前の直近の継続した12か月間の各月の標準報酬月額を平均した額の30分の1に相当する額の3分の2である。→ 48 ～ 50

【医学的基礎知識、医療関連知識】

設問 1	解　　答　　欄
1	① ② ③ ● ⑤ ⑥ ⑦ ⑧ ⑨ ⑩
2	① ② ③ ④ ⑤ ⑥ ⑦ ● ⑨ ⑩
3	① ② ③ ④ ⑤ ⑥ ⑦ ⑧ ⑨ ●
4	① ② ③ ④ ⑤ ⑥ ⑦ ⑧ ● ⑩
5	● ② ③ ④ ⑤ ⑥ ⑦ ⑧ ⑨ ⑩
6	① ● ③ ④ ⑤ ⑥ ⑦ ⑧ ⑨ ⑩
7	① ② ● ④ ⑤ ⑥ ⑦ ⑧ ⑨ ⑩
8	① ② ③ ④ ● ⑥ ⑦ ⑧ ⑨ ⑩
9	① ② ③ ④ ⑤ ⑥ ● ⑧ ⑨ ⑩
10	① ② ③ ④ ⑤ ● ⑦ ⑧ ⑨ ⑩

設問 1

<解説>

　上部消化器、胃潰瘍に関する設問である。本設問は過去に出題した内容と酷似している。

　上部消化器の胃が分泌する消化液は強酸性で、摂取した食物の消化・殺菌に関与すると言われている。タンパク質を消化するための酵素ペプシンが、酸性の条件下で活動するため、胃内を酸性に保つべく胃酸が分泌される。この胃酸は強酸性 (pH 1 ～ 2) で、数分皮膚が胃酸に曝されると、皮膚の変性が始まってしまうし、金属（鉄）も泡を立てて溶かすくらい強力である。この様な酸から胃の粘膜を守るために、胃粘液が絶えず分泌され胃粘膜周囲を保護している。酸は粘膜を攻撃し、粘液は粘膜を保護するので、胃酸は攻撃因子、粘液は防御因子と呼ばれている。色々な環境因子（ストレス・食生活）で粘液の分泌が抑制されて、今まで釣り合っていた防御因子と攻撃因子のバランスが崩れ、攻撃因子が優位になると、あっという間に粘膜組織が消化されてしまい胃潰瘍・十二指腸潰瘍が形成される。

　その昔、胃・十二指腸潰瘍が、細菌感染を原因とするとは考えられていなかった。なぜなら、強い酸性の胃内で細菌が増殖することは不可能だからである。しかし、ヘリコバクター・ピロリ（Helicobacter Pylori；ピロリ菌）は、「ウレアーゼ」という酵素を使って、胃酸を中和しアルカリ性の環境にして胃の中で生存している。このピロリ菌が慢性的に粘膜を刺激することで胃潰瘍のみならず胃癌へ導くことが知られたことで、除菌治療が大変重要であることがわかった。

　胃・十二指腸潰瘍の共通症状に心窩部痛（上腹部痛などとも言う）が挙げられるが、空腹時の痛みは十二指腸潰瘍、食後の痛みは胃潰瘍である場合が多い。最終的にはバリウムを用いた透視下、内視鏡を用いた目視観察で診断する。重症化すれば潰瘍面から大量の出血で下血、吐血を伴うこともあり、持続的な微小出血が欠乏性貧血を引き起こす。近年は、穿孔するほど放置されることは少なくなったが、胃・十二指腸潰瘍に伴う穿孔性腹膜炎は生死に関わる極めて危険な状態である。

　胃癌は、近年の健診の普及で早期発見が進み、胃癌を原因とする癌死亡率は低下している。処置の方法も年々進化しており、早期癌であれば内視鏡下切除も可能であるが一般的には開腹手術が選択される。末期胃癌もしくは胃癌による遠隔転移が見つかり切除が不可能である場合は、抗癌剤治療が選択されるが、寛解誘導できるほどの効果は見込めない。

本設問は、2級の受験生に求めるには範囲が広すぎる嫌いがある。2級の受験生には病態と治療に限定するなどもう少し限定的な基礎知識を問うべきであろう。

設問2	解　答　欄	
11	●	②
12	①	●
13	●	②
14	①	●
15	①	●
16	●	②
17	●	②
18	①	●
19	●	②
20	①	●

設問2
<解説>

11 ○

12 ×：肺動脈に連結している。

13 ○

14 ×：赤血球中に含有されている Hb(ヘモグロビン) が減少することで、酸素運搬能力が低下し発症する。

15 ×：腰椎に発生することが多い。

16 ○

17 ○：1型糖尿病は、β細胞が破壊され、インスリンが分泌できなくなり発症するため、絶対的にインシュリン注射が優先される。

18 ×：外側上部（脇の下に近い部分）である。図を参照のこと。

19 ○

20 ×：良性腫瘍である。

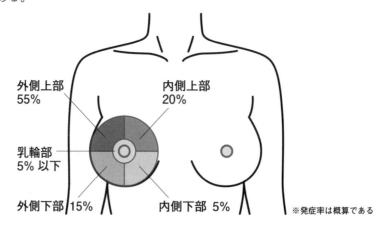

外側上部 55%
内側上部 20%
乳輪部 5% 以下
外側下部 15%
内側下部 5%
※発症率は概算である

38

設問3　記述問題

21	22	23	24	25
口内炎	食道静脈瘤	腸閉塞	白血病	胆石症
26	27	28	29	30
（脳）下垂体	貧血	蕁麻疹	ダウン症候群（ダウン症）	白血病

＜解説＞

21　口内炎

22　食道静脈瘤

23　腸閉塞

24　白血病

25　胆石症

26　下垂体（脳下垂体）

27　貧血

28　蕁麻疹（じんましん）

29　ダウン症候群（ダウン症）

30　白血病

設問4	解　　答　　欄
31	① ② ③ ④ ⑤ ⑥ ⑦ ⑧ ● ⑩
32	① ② ③ ④ ⑤ ⑥ ⑦ ● ⑨ ⑩
33	① ● ③ ④ ⑤ ⑥ ⑦ ⑧ ⑨ ⑩
34	① ② ③ ④ ⑤ ⑥ ⑦ ⑧ ⑨ ●
35	① ② ③ ● ⑤ ⑥ ⑦ ⑧ ⑨ ⑩
36	● ② ③ ④ ⑤ ⑥ ⑦ ⑧ ⑨ ⑩
37	① ② ③ ④ ⑤ ● ⑦ ⑧ ⑨ ⑩
38	① ② ● ④ ⑤ ⑥ ⑦ ⑧ ⑨ ⑩
39	① ② ③ ④ ● ⑥ ⑦ ⑧ ⑨ ⑩
40	① ② ③ ④ ⑤ ⑥ ● ⑧ ⑨ ⑩

設問4

＜解説＞

31　Body Mass（体格）Index（指標）

32　Disseminated（播種性）Intravascular（血管内）Coagulation（凝固症）

33　Family（家族）　History（歴史）

34　Heart（心臓）Rate（速さ）：心拍

㉟ Luteinizing（黄体形成） hormone （ホルモン）

㊱ Neonatal（新生児）Intensive （集中）Care（治療）Unit（部屋）

㊲ Percutaneous（経皮的）Transhepatic（経肝）Cholangio（胆道）Drainage（ドレナージ）

㊳ Sudden（突然）Infant（乳幼児）Death（死亡）Syndrome（症候群）

㊴ Tetralogy（4症状）of Fallot（ファロー）

㊵ Vancomycin（バンコマイシン）Resistance（抵抗性）Enterococci（腸球菌）

設問5		解　答　欄			
41	①	●	③	④	⑤
42	●	②	③	④	⑤
43	①	②	③	④	●
44	①	②	●	④	⑤
45	①	②	●	④	⑤
46	①	②	③	④	●
47	①	●	③	④	⑤
48	●	②	③	④	⑤
49	①	②	③	④	●
50	①	②	●	④	⑤

設問5

<解説>

㊶ これは、医療事務系の医学知識としては細かすぎる。要するに粘膜に存在する分泌腺の種類である。主細胞からは蛋白分解酵素ペプシンが、壁細胞からは胃酸が、副細胞からは粘膜保護のための粘液が分泌されるが、普通副細胞は腺頚部粘液細胞と呼ぶ。従って答えは②。

㊷ これはよく間違える。残気量は含まない。一回換気量＋予備吸気量＋予備呼気量の和である。従って答えは①。

㊸ この設問の場合、悪心・嘔吐で迷うのではないか？　激しいショック状態になるので、何でも有りである。従って答えは⑤。

㊹ 胸郭とは要するに胸部を構成している骨格のことである。肋骨、胸椎、胸骨で成り立っている。従って答えは③。

㊺ Vit.B1 の欠乏症は、神経障害であるので、脚気、ウェルニッケ脳症である。従って答えは③。

㊻ これは全てである。血中のタンパク質（アルブミン）が尿と一緒に排泄されてしまうので、低タンパク血症をきたし、その結果浸透圧が下がって、血管内に水を保持できなくなるために全身に浮腫を生じる。この浮腫を抑制しようと代償的にコレステロールが上昇する。浮腫に伴って、全身倦怠感をきたす。従って答えは⑤。

㊼ 過換気症候群は、血液中の二酸化炭素を呼気として排泄してしまうので、血液がアルカリ側に傾くアルカローシスとなる。残りの病態は、アシドーシスを伴うことが典型的症状である。従って答えは②。

㊽ これは取りこぼさない様にしよう。肺静脈には、ガス交換されて酸素をたっぷり含んだ血液

（動脈血）が左心房に戻り左心室から大動脈を経て送血される。右心房・右心室から出たり入っ たいりする血液は全て静脈血、左心房・左心室からの血液の出入りは全て動脈血と覚えよう。 従って答えは①。

49　喀血は呼吸器出血を吐き出す状態。吐血は消化器出血を吐き出す。従って答えは⑤。

50　白内障は水晶体（レンズ）の濁りによる視力障害で、加齢に伴って進行する一般的疾患である。 治療には眼内レンズの移植。緑内障は、眼圧の亢進等様々な理由で網膜が障害されて視力そ のものを失う病態。従って答えは③。

第71回問題 解答・解説

【医療秘書実務】

設問1	解 答 欄
1	① ② ③ ④ ⑤ ⑥ ⑦ ⑧ ⑨ ●
2	① ② ● ④ ⑤ ⑥ ⑦ ⑧ ⑨ ⑩
3	① ② ③ ④ ⑤ ● ⑦ ⑧ ⑨ ⑩
4	① ② ③ ● ⑤ ⑥ ⑦ ⑧ ⑨ ⑩
5	① ● ③ ④ ⑤ ⑥ ⑦ ⑧ ⑨ ⑩

設問1
＜解説＞

　疾病や負傷で受診あるいは入院するときはどんな気分になるだろうか？「これからどうなるのか？治らなかったらどうしようか？」など、不安で緊張した状態になるのではないだろうか。患者の言動にも理解しがたい様子が見えることがあり、その原因は治療初期の患者心理の特色であり、それは不安とアンビバレンスである。

　アンビバレンスとは、表に現れた感情や態度とは正反対なものが同時にその裏に存在することをいう。従って、受診・入院初期の患者には、特にラポール（信頼関係）を結ぶことが大切であり、それは患者に安心感を与えることから始まるのでる。

設問2	解 答 欄
6	● ②
7	① ●
8	① ●
9	● ②
10	● ②

設問2
＜解説＞

6　○：正しい。

7　×：誤り。早春は3月の挨拶。4月は陽春・春暖・桜花などである。

8　×：誤り。盛夏は7月の挨拶。6月は梅雨・初夏などである。

9　○：正しい。

10　○：正しい。

【医療機関の組織・運営、医療関連法規】

設問1　解答欄

設問1	①	②	③	④	⑤	⑥	⑦	⑧	⑨	⑩
11	①	②	●	④	⑤	⑥	⑦	⑧	⑨	⑩
12	①	②	③	④	⑤	⑥	⑦	●	⑨	⑩
13	①	②	③	●	⑤	⑥	⑦	⑧	⑨	⑩
14	①	②	③	④	⑤	●	⑦	⑧	⑨	⑩
15	①	②	③	④	⑤	⑥	●	⑧	⑨	⑩
16	①	②	③	④	●	⑥	⑦	⑧	⑨	⑩
17	●	②	③	④	⑤	⑥	⑦	⑧	⑨	⑩
18	①	②	③	④	⑤	⑥	⑦	⑧	●	⑩
19	①	②	③	④	⑤	⑥	⑦	⑧	⑨	●
20	①	●	③	④	⑤	⑥	⑦	⑧	⑨	⑩

設問1
＜解説＞

　本設問は、病院事務職員の役割と使命について述べたものである。病院事務職員は直接医療を施すわけではないが、病院組織を構成するチームの一員として、病院の科学的管理経営および患者サービスを向上することに一役買い、これにより事務サイドから公衆衛生の向上および増進に寄与する使命がある。

設問2　解答欄

設問2	解答欄	
21	●	②
22	●	②
23	①	●
24	●	②
25	●	②
26	●	②
27	①	●
28	●	②
29	①	●
30	①	●

設問2
＜解説＞

　日本では現在は原則として混合診療（保険診療と自由診療を混合させる診療のこと）は認められていない。保険外併用療養費は保険診療と自由診療の併用が認められる例外であるといえる。
　保険外併用療養費は、「評価療養」、「選定療養」または「患者申出療養」を受けたときに支給される。

評 価 療 養	選 定 療 養
1．先進医療	1．特別の療養環境
2．医薬品の治験に係る診療	2．予約診療
3．医療機器の治験に係る診療	3．時間外診療
4．再生医療等製品の治験に係る診療	4．制限回数を超える医療行為
5．薬機法承認後で保険収載前の医薬品の使用	5．180日以上の入院
6．薬機法承認後で保険収載前の医療機器の使用	6．金属床総義歯
7．薬機法承認後で保険収載前の再生医療等製品の使用	7．う蝕の指導管理
8．薬価基準収載医薬品の適応外使用	8．前歯部の金合金または白金加金
9．保険適用医療機器の適応外使用	9．白内障の多焦点眼内レンズ
10．再生医療等製品の適応外使用	

　患者申出療養は、国内未承認医薬品などを迅速に使用したいという困難な病気と闘う患者の思いに応えるため、患者からの申し出を起点とする新たな保険外併用療養費の仕組みとして創設された。詳しくは(株)建帛社刊「三訂医療関連法規」P115(第4章健康保険法)を参照して欲しい。

　なお、保険外併用療養費については以下の3つの取り扱いが定められており、これに違反した場合は保険外併用療養費を適用できない。

1．院内の見やすい場所への内容と費用の掲示
2．事前の患者の同意
3．領収証の発行

設問3	解　答　欄									
31	●	②	③	④	⑤	⑥	⑦	⑧	⑨	⑩
32	①	②	③	④	⑤	⑥	⑦	⑧	●	⑩
33	①	②	③	④	⑤	●	⑦	⑧	⑨	⑩
34	①	②	③	④	●	⑥	⑦	⑧	⑨	⑩
35	①	●	③	④	⑤	⑥	⑦	⑧	⑨	⑩
36	①	②	③	④	⑤	⑥	●	⑧	⑨	⑩
37	①	②	③	④	⑤	⑥	⑦	⑧	⑨	●
38	①	②	●	④	⑤	⑥	⑦	⑧	⑨	⑩
39	①	②	③	●	⑤	⑥	⑦	⑧	⑨	⑩
40	①	②	③	④	⑤	⑥	⑦	●	⑨	⑩

設問3
＜解説＞
　診療所の開設から、医療法人とするまでの手続きの流れと、公的医療保険ならびに組織に関する複合的な問題を出題した。

|31| 語群の中には公的医療保険に関する用語は①しか該当しない。勤務医であれば勤務先の公的医療保険の被保険者になるが、退職し、個人で医療機関を開設する場合は各都道府県毎の医師国保に加入することとなる（市町村国保にも加入可能であるが、それは個人の判断に委ねられる）。

|32||33| 問題文よりY医師は臨床研修等を修了しており、法人形態での診療所の開設ではないことから、都道府県知事に開設の届出を行えばよい。その窓口は保健所となる。

|34| 保険診療を行うためには都道府県知事への開設の届出とは別に、地方厚生局長（厚生労働大臣）への申請・指定が必要である。

|35||36| 税制上あるいは組織の継続という観点から、個人事業を医療法人に変更することは多い。医療法人の設立に当たっては、都道府県知事の認可を受け、登記を行うことで成立する。

|37||39| 医療法人の業務執行責任者は理事長であり、診療所の管理者（院長）とは別の存在である（なお、理事長と管理者は同一人物でも良い）。

|38||40| 医療法人化は個人事業としての診療所を廃止し、新たに医療法人としての設立許可を都道府県知事に対して行う。

設問4	解　答　欄
41	① ● ③ ④ ⑤
42	① ② ③ ● ⑤
43	① ② ● ④ ⑤
44	① ② ③ ④ ●
45	● ② ③ ④ ⑤
46	① ② ③ ● ⑤
47	① ② ● ④ ⑤
48	● ② ③ ④ ⑤
49	① ● ③ ④ ⑤
50	① ② ③ ④ ●

設問4
<解説>

前回に引き続き「傷病手当金」を出題した。

傷病手当金（健康保険法第99条）とは、業務外の疾病や負傷により休業中に被保険者とその家族の生活を保障するために設けられた制度であり、そのために業務を休み、事業主から十分な報酬が受けられない場合に支給される。

支給額は労務不能となった傷病に基づく欠勤が連続して4日以上あり（3日間は支給されない）、4日目以降、1日につき、傷病手当金の支給を始める日の属する月以前の直近の継続した12か月間の各月の標準報酬月額を平均した額の30分の1に相当する額の3分の2である。

支給期間は、支給開始日から通算して1年6か月間であり、途中で勤務可能になれば、支給が打ち切られる。

【医学的基礎知識、医療関連知識】

設問1	解 答 欄									
1	①	②	③	④	⑤	⑥	⑦	⑧	●	⑩
2	①	②	③	④	⑤	⑥	●	⑧	⑨	⑩
3	●	②	③	④	⑤	⑥	⑦	⑧	⑨	⑩
4	①	②	③	④	⑤	⑥	⑦	⑧	⑨	●
5	①	②	③	④	⑤	⑥	⑦	●	⑨	⑩
6	①	②	③	④	⑤	●	⑦	⑧	⑨	⑩
7	①	②	③	④	●	⑥	⑦	⑧	⑨	⑩
8	①	②	●	④	⑤	⑥	⑦	⑧	⑨	⑩
9	①	●	③	④	⑤	⑥	⑦	⑧	⑨	⑩
10	①	②	③	●	⑤	⑥	⑦	⑧	⑨	⑩

設問1

<解説>

　脳血管疾患は脳梗塞、脳出血、くも膜下出血など、脳の血管のトラブルによって起こる病気の総称である。

　脳血管疾患には「出血性脳血管疾患」と「虚血性脳血管疾患」の2つのタイプがある。

　出血性脳血管疾患は脳の血管が破れて出血することから起こるもので、出血部位によって2つに分けられる。脳の奥深くの細い血管に加齢や高血圧によって出来た脳動脈瘤が破裂して出血が起こる「脳出血」と頭蓋骨の下で脳の表面を覆うくも膜の下で出血が起こる「くも膜下出血」がある。

　虚血性脳血管疾患は脳の血管が詰まり、血流が十分に脳細胞に行き渡らなくなり、体の片側の筋力低下、麻痺、感覚消失などの症状がでる。

　代表的なものに「脳梗塞」と「一過性脳虚血発作」がある。

　脳梗塞は、血管を詰まらせる原因によってさらに2つに分類される。脳の血管に血栓という血の塊ができて、血栓が血管を詰まらせるものを「脳血栓」、心臓など脳以外の血管にできた血栓が血流にのって脳へと運ばれて、その血栓が脳の血管を詰まらせるものを「脳塞栓」という。

　また、脳梗塞は、血管の詰まり方によって、「ラクナ梗塞」、「アテローム血栓性脳梗塞」、「心原性脳塞栓」と、「その他の脳梗塞」に分類される。

　ラクナ梗塞は動脈硬化で細くなった血管につまる場合、アテローム血栓性脳梗塞は血管にコレステロールが溜まり、そこに血の塊ができて詰まる場合、心原性脳塞栓は心臓など他の部位でつくられた血の固まりが血流によって流れてきて詰まる場合がある。

　一過性脳虚血発作では、血管の詰まりは一時的なもので、血流はすぐにもとに戻るが、脳梗塞は完全に血管が詰まり、血流も完全に途絶えてしまうので、血液がいかなくなった脳細胞は壊死する。

　脳出血は脳梗塞よりも後遺症が残ることが多く、死亡率も脳梗塞より高い。

　脳血管疾患の危険因子は、高血圧、動脈硬化、喫煙などがあげられ、そのほか運動不足や多量の飲酒、ストレス、睡眠不足などの生活習慣が脳血管疾患の引き金となる。

また、心臓の血管にできた血栓が原因で起こる脳塞栓は、「心房細動」という不整脈が最大の原因になる。

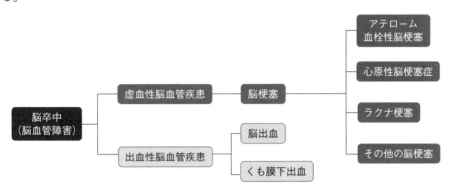

設問2

設 問 2	解 答 欄	
11	①	●
12	●	②
13	①	●
14	●	②
15	①	●
16	●	②
17	●	②
18	①	●
19	①	●
20	●	②

設問2
＜解説＞

11　×：悪性貧血はビタミン B_{12} の欠乏により引き起こされる。

12　○

13　×：遅延型アレルギーはⅣ型アレルギーに分類される。接触性皮膚炎、過敏性肺炎、薬物過敏症などがある。

14　○

15　×：下気道とは、声帯以下の、気管、気管支、細気管支、肺胞のことを指す。

16　○

17　○

18　×：心筋梗塞は胸部圧迫感や絞扼感が非常に強く，冷汗、意識消失を起こすこともある。30分以上持続し、ニトログリセリンは無効である。

19　×：心臓には血液の逆流を防ぐために、4つの弁がある。4つの弁は、右心房と右心室の間の三尖弁、右心室と肺動脈の間の肺動脈弁、左心房と左心室の間の僧帽弁、左心室と大動脈の間の大動脈弁である。

20　○

設問3　記述問題

21 網膜剥離	22 刺激伝導系	23 特発性血小板減少性紫斑病	24 急性腎不全	25 捻挫
26 胃ポリープ	27 気胸	28 慢性甲状腺炎	29 糖尿病	30 血友病

＜解説＞

21 網膜剥離

22 刺激伝導系

23 特発性血小板減少性紫斑病

24 急性腎不全

25 捻挫

26 胃ポリープ

27 気胸

28 慢性甲状腺炎

29 ダウン症候群（ダウン症）

30 血友病

設問4	解　　答　　欄
31	① ② ● ④ ⑤ ⑥ ⑦ ⑧ ⑨ ⑩
32	① ② ③ ④ ⑤ ⑥ ● ⑧ ⑨ ⑩
33	① ② ③ ④ ⑤ ● ⑦ ⑧ ⑨ ⑩
34	① ② ③ ● ⑤ ⑥ ⑦ ⑧ ⑨ ⑩
35	① ② ③ ④ ⑤ ⑥ ⑦ ● ⑨ ⑩
36	① ● ③ ④ ⑤ ⑥ ⑦ ⑧ ⑨ ⑩
37	① ② ③ ④ ⑤ ⑥ ⑦ ● ⑨ ⑩
38	① ② ③ ④ ⑤ ⑥ ⑦ ⑧ ⑨ ●
39	● ② ③ ④ ⑤ ⑥ ⑦ ⑧ ⑨ ⑩
40	① ② ③ ④ ● ⑥ ⑦ ⑧ ⑨ ⑩

設問4

＜解説＞

31 動脈管開存症：Patent（開存）Ductus（管）Arteriosus（動脈）

32 前立腺特異抗原：（Prostate（前立腺）-Specific（特異的）Antigen（抗原）

33 炎症性腸疾患：Inflammatory（炎症）Bowel（腸）Disease（疾患）

34 虚血性心疾患：Ischemic（虚血性）Heart（心臓）Disease s（疾患）

48

35　ヒト白血球抗原：Human（ヒト）Leukocyte（白血球）Antigen（抗原）
36　基礎体温：Basal（基礎）Body（体）Temperature（温度）
37　磁気共鳴血管造影：Magnetic（磁気）Resonance（共振）Angiography（血管造影）
38　急性リンパ性白血病：Acute（急性）Lymphoblastic（リンパ芽球性）Leukemia（白血病）
39　既往歴：Past（過去）History（病歴）
40　在宅酸素療法：Home（家）Oxygen（酸素）Therapy（治療）

設問5
＜解説＞

41　黄疸とは、血液の中のビリルビンが増加し、皮膚や目の白いところが橙色〜褐色に見える病気である。溶血によりヘモグロビンはビリルビンに変化する。また、胆道系の障害により胆汁の排泄が不十分になると、血液中にはビリルビンが増加する。従って答えは③。

42　糖尿病網膜症、糖尿病腎症、糖尿病神経障害は、糖尿病の「三大合併症」と呼ばれている。また、心臓病や脳卒中など、直接死亡リスクに関係する動脈硬化を引き起こす。従って答えは⑤。

43　「虚血」つまり心臓に十分血液がいきわたっていない状態が「虚血性心疾患」である。従って答えは③。

44　後頭葉には一次視覚野があり、色や形などの視覚認知の中枢となる。従って答えは③。

45　麻疹は麻疹ウイルス、結核は結核菌、風疹は風疹ウイルス、水痘は痘帯状疱疹ウイルスによって引き起こされる。従って答えは④。

46　パーキンソン病の4大症状として（1）安静時振戦、（2）筋強剛（筋固縮）、（3）無動・寡動、（4）姿勢反射障害を特徴がある。従って答えは④。

47　アルブミンは肝臓で合成される血中のタンパク質。血液の浸透圧の調整、物質と結合し、目的の場所へ運搬する。トロンビンはタンパク分解酵素の一つで血液凝固作用を持つ。ヘモグロビンは赤血球に含まれる赤色素たんぱく質で酸素と二酸化炭素を運搬する。フィブリノゲンは肝細胞で産生される血液凝固因子の一つ。従って答えは④。

48　汗腺、唾液腺、粘膜腺、乳腺は、ホルモン以外の物質を分泌する。また血流中に直接分泌するのではなく、導管へ分泌することから外分泌腺と呼ばれる。ホルモンを分泌する内分泌腺（副

甲状腺、脳下垂体）を除くと答えが導き出せる。従って答えは①。

49 関節リウマチは、自分の体の成分に抗体が出来る自己免疫疾患で、症状は全身の様々な関節
の痛み、腫れ、こわばり、動かしにくさ、発熱、全身倦怠感などがある。従って答は③。

50 交感神経は、自律神経の中で興奮の刺激を全身のさまざまな器官に伝える神経で、神経伝達
物質はノルアドレナリンである。涙液分泌、膵液分泌は副交感神経に支配しされている。従っ
て答えは③。

MEMO

MEMO

MEMO

MEMO

MEMO

本実問題集の内容についてのお問い合わせは

医療秘書教育全国協議会
TEL.03-5675-7077
FAX.03-5675-7078
までお願い致します。

■解説執筆者
　医療秘書実務
　医療機関の組織・運営、医療関連法規
　　西方　元邦
　医学的基礎知識、医療関連知識
　　河野　浩行

2024年度版
医療秘書技能検定実問題集2級①

2024年 4 月30日　　初版第 1 刷発行

編　者　医療秘書教育全国協議会試験委員会©
発行者　佐藤　秀
発行所　株式会社つちや書店
　　　　〒113-0023　東京都文京区向丘1-8-13
　　　　TEL 03-3816-2071　FAX 03-3816-2072
　　　　http://tsuchiyashoten.co.jp